100位

为新中国成立作出突出贡献的英雄模范人物

叶 挺

段雨生 赵 酬 李杞华/编著

★

吉林出版集团 | 吉林文史出版社

图书在版编目（CIP）数据

叶挺 / 段雨生，赵酬，李杞华编著. -- 长春：吉
林文史出版社，2011.4（2024.5重印）
（100位为新中国成立作出突出贡献的英雄模范人物）
ISBN 978-7-5472-0591-4

Ⅰ．①叶… Ⅱ．①段… ②赵… ③李… Ⅲ．①叶挺
（1896～1946）－生平事迹 Ⅳ．①K825.2

中国版本图书馆CIP数据核字(2011)第051233号

叶　挺

YETING

编著/ 段雨生　赵酬 李杞华

选题策划/ 王尔立　责任编辑/ 王尔立

装帧设计/ 韩璘

出版发行/ 吉林文史出版社

地址/ 长春市福祉大路5788号　邮编/ 130118

电话/ 0431-81629363　传真/ 0431-86037589

印刷/ 天津海德伟业印务有限公司

版次/ 2011年4月第1版 2024年5月第9次印刷

开本/ 640mm×920mm 1/16

印张/ 9　字数/ 100千

书号/ ISBN 978-7-5472-0591-4

定价/ 29.80元

100 位

为新中国成立作出突出贡献的英雄模范人物／

八女投江	于化虎	小叶丹	马本斋	马立训	方志敏
毛泽民	毛泽覃	王尔琢	王尽美	王克勤	王若飞
邓 萍	邓中夏	邓恩铭	韦拔群	冯 平	卢德铭
叶 挺	叶成焕	左 权	诺尔曼·白求恩		任常伦
关向应	刘老庄连	刘伯坚	刘志丹	刘胡兰	吉鸿昌
向警予	寻淮洲	戎冠秀	朱 瑞	江上青	江竹筠
许继慎	阮啸仙	何叔衡	佟麟阁	吴运铎	吴焕先
张太雷	张自忠	张学良	张思德	旷继勋	李 白
李 林	李大钊	李公朴	李兆麟	李硕勋	杨 殷
杨子荣	杨开慧	杨虎城	杨靖宇	杨闇公	萧楚女
苏兆征	邹韬奋	陈延年	陈树湘	陈嘉庚	陈潭秋
冼星海	周文雍、陈铁军夫妇		周逸群	明德英	林祥谦
罗亦农	罗忠毅	罗炳辉	郑律成	恽代英	段德昌
贺 英	赵一曼	赵世炎	赵尚志	赵博生	赵登禹
闻一多	埃德加·斯诺		夏明翰	格里戈里·库里申科	
狼牙山五壮士		聂 耳	郭俊卿	钱壮飞	黄公略
彭 湃	彭雪枫	董存瑞	董振堂	谢子长	鲁 迅
蔡和森	戴安澜	瞿秋白			

前 言

　　每个人的心中都多少有一点英雄情结，都向往英雄、景仰英雄。也正因此，在中华人民共和国建国六十周年之际，由中央十一部委联合组织开展的"100位为新中国成立作出突出贡献的英雄模范人物和100位新中国成立以来感动中国人物"的评选活动中，群众参与投票总数近一亿。这其中的每一张选票，都表达了人们对英雄模范的崇敬之情，寄托着对伟大祖国的美好祝福。

　　一个民族不能没有英雄，否则这个民族就不会强大。当国家危难之时，懦弱者选择了逃避、妥协甚至投降，英雄们却挺身而出，用热血捍卫民族的尊严，人民的幸福。在创立和建设新中国的伟大历程中，涌现出无数可歌可泣的英雄模范人物。他们之中，有为了民族独立和人民解放而英勇牺牲的革命先烈，有为了党和人民的事业而不懈奋斗的优秀共产党员，有在全民族抗战中顽强奋战、为国捐躯的爱国将士，有英勇杀敌的战斗英雄和革命群众，有积极从事进步活动的著名民主爱国人士和国际友人……他们是民族的脊梁、祖国的骄傲，是激励全体人民团结奋斗的精神力量。

　　《100位为新中国成立作出突出贡献的英雄模范人物传记》丛书，就像一部星光璀璨的英雄谱，真实、完整地记录了英雄模范人物不平凡的一生，再现了他们非凡的人格魅力和精神世界。"头颅可断腹可剖"的铁血将军杨靖宇，"毫不利己，专门利人"的白求恩，"抗战军人之魂"张自忠，"砍头不要紧"的夏明翰，"俯首甘为孺子牛"的文化斗士鲁迅……一串串闪光的名字，一个个动人的故事，犹如群星闪烁，光耀中华。

　　如今，战火已熄，硝烟已散，英雄已逝，我们沐浴在和平的幸福之中。在和平年代，人们不会忘记为今日的和平浴血奋战的英雄们，英雄的故事永远不会结束。让我们用英雄的故事唤醒我们心中的激情，为中华民族的伟大复兴而奋斗。

生平简介

叶挺（1896–1946），男，汉族，广东省惠阳县人，中共党员。

叶挺 1918 年毕业于保定陆军军官学校，1919 年参加孙中山领导的粤军，同年加入中国国民党。1924 年加入中国共产党，同年秋被派赴苏联学习。1925 年 8 月回国，参与组建以共产党员、共青团员为骨干的第四军独立团，任团长。独立团成为中国共产党直接掌握的一支重要武装力量。1926 年参加北伐战争，他率部勇往直前，连战皆捷，屡建战功，被誉为"北伐名将"，所部被称为"叶挺独立团"，为四军赢得"铁军"称号。南昌起义时，担任前敌总指挥。广州起义时，担任起义军总司令。抗日战争爆发后，出任新四军军长。1941 年 1 月，国民党顽固派制造震惊中外的皖南事变。在遭国民党军重兵包围的严重情况下，指挥部队奋起突围，浴血奋战八昼夜。在与国民党军交涉时被扣押。面对蒋介石的威逼利诱，他坚贞不屈。抗战胜利后，经中共中央营救，于 1946 年 3 月 4 日获释。5 日即致电中共中央，要求重新加入中国共产党。中共中央于 7 日复电，称赞他忠诚地为中华民族解放与人民解放事业进行了二十余年的奋斗，经历种种严重考验，决定接受他入党。4 月 8 日，由重庆赴延安途中飞机失事，在山西兴县黑茶山遇难。

1896-1946

[YETING]

叶挺

目 录 MULU

创建人民军队的贡献（代序）

　　民族解放战争、人民解放战争的硝烟早已消散，中国共产党将迎来90岁的生日，人民解放军已进入了83年的战斗历程，社会主义建设已进行了半个多世纪。现在说起叶挺，有的年轻人或许会问：叶挺何许人也？有何功绩？

　　1955年9月27日，北京怀仁堂，毛泽东给朱德、彭德怀、林彪、刘伯承、贺龙、陈毅、罗荣桓、徐向前、聂荣臻、叶剑英等十位元帅授衔授勋。元帅们追忆艰难曲折的斗争历程，缅怀并肩战斗的亲密战友，心潮澎湃，激动不已。在典礼间隙，元帅们深情地议论说：假若叶挺还健在，我们队伍中就有两个叶帅。

　　这个故事告诉人们：叶挺是共和国元帅那一辈人，是中国人民解放军的创始人之一。他以"敢为天下先"的创新精神，勇于开拓，大胆实践，致力于建立新型的革命军队。叶挺在部队建设和指挥作战的实践中凸现的军事思想，对毛泽东军事思想的形成作出了重大贡献，对人民军队的创立和成长壮大起到特有的作用。概括说来，主要有三大贡献：

　　叶挺的第一大贡献：精心打造新型的革命军队，为创建人民军队提供了宝贵经验。

　　1925年9月，叶挺从莫斯科回到广东不久，中共广东区委即派他为团长，负责组建以共产党员为骨干的国民革命军第四军十二师三十四团，后改称第四军独立团，通称叶挺独立团。

　　叶挺按照党要掌握武装的意图，竭尽全力建设独立团：健全部队的中共党组织，团建立党支部，营设党小组，保证党对部队的绝对领导；建立健全政治工作组织和制度，教育官兵牢记革命军队为人民群众谋利益的宗旨，保持部队坚定正确的政治方向；积极进行纪律教育，要求官兵执行铁的纪律，建设铁的军队；正确处理与国民党的关系，坚持部队在共产党领导下独立自主的原则；按"苦练出精兵"的要求，根据实战需要严格训练部队，提高部队的战斗力。

经过叶挺五个月的创造性实践，把独立团建设成为无产阶级性质的、具有严格纪律的、同群众保持紧密联系的新型革命军队，在北伐战争中斩关夺隘，屡建奇勋，为第四军赢得"铁军"称誉。南昌、秋收、广州三大起义是人民军队创建的起点。这三大起义的主力部队都来自铁军。他们把叶挺组建独立团的诸多举措和经验，带到红军部队，经过不断实践完善，发展成为人民军队的建军原则。

叶挺的第二大贡献：勇当先锋，大胆实践，开创人民军队的战略战术。

叶挺从指挥独立团支援农民运动始，至率领新四军华中抗日，在战争的舞台上导演了一出又一出威武雄壮的活剧，创立了革命军队独特的战略战术和战斗作风。在独立团初创时期，叶挺提出"军事斗争要和民众运动相结合"，带领部队积极宣传群众、组织群众，使"军民团结才能打胜仗"的道理深入人心。后来，毛泽东把军民一致的思想概括为"兵民是胜利之本"。叶挺在南昌和广州两次起义中，提出把部队撤到"敌人力量薄弱的农村去求发展"。他认为革命军队避开反动力量集中的城市和中心地区，到偏僻的农村广阔天地去活动，可以自由地与敌周旋，建立人民政权和革命基地，壮大发展自己。毛泽东总结了三大起义及土地革命战争的实践经验，提出中国革命应该走以农村包围城市，武装夺取政权的道路。这一伟大战略思想，正是集中了包括叶挺在内的无产阶级军事家的真知灼见。

叶挺是北伐名将，又是抗日英雄。他的诸多战斗实践突显出一系列战术原则，其战术思想的精髓是："从实际情况出发把仗打活。"叶挺要求部队不要墨守成规迷信教条，应根据敌情、我情、民情、地形、气候等条件，以及战局发展的趋势，采取独特的作战方法，力求出敌不意，出奇制胜。要求指挥员应有见机进取精神，只要符合总的战略意图，对整个战局有利，就积极果断行事。要求全体指战员有高度的战斗积极性，养成勇敢、顽强、果断、迅速的战斗作风；勇于近战、夜战，能强攻能死守，能独立作战，能连续打几仗。叶挺开创的出奇制胜的战略战术和勇敢顽强的战斗作风，为人民军队继承和发扬，成为人民军队的传家宝。

叶挺的第三个贡献：研究现代战争，促进人民军队正规化现代化建设。

叶挺任新四军军长后，为战胜现代化装备的日军，更加精心研究现代战争。他经常教育指战员：革命军人必须了解现代战争，才能驾驭现代战争。在参谋工作会议上，叶挺作了《现代战争的性质特点与指挥》的演讲。他围绕根据现代战争特点加强新四军建设的主题，实事求是地对部队的组织建设、教育训练、指挥作战作了精辟论述。

叶挺在演讲中指出：现代科学的发展改变战争的内容形式、武器装备和组织指挥。这是不容忽视的客观规律。注意研究并掌握利用这个规律的军队，才能取得战争的胜利。他指出：为适应现代战争的需要，"我们部队建设要求正规化，也要求趋向近代化与机械化"。这是无产阶级军事家的卓识远见。虽然由于受当时财力、物力的限制，一时难以全面付诸实施。但从新四军组建开始，全军在叶挺和项英、陈毅等人领导下，根据现代战争的要求，从部队当时的实际条件着手，在政治、军事、后勤等方面加强全面建设，使部队迅速发展壮大。在三年多的时间里，部队由一万余人发展到十万余人，编成六个支队。通过深入开展思想政治工作，克服和消除了长期分散形成的游击习气和山头主义、宗派主义思想残余，建立起正规的军事生活秩序，使部队团结成集中统一的战斗集体，显示出新四军是纪律严明、朝气蓬勃、有战斗力的正规军。组建了正规、精干的各级司令部，实施有计划的组织训练和指挥作战；组织官兵针对现代化日军作战的特点，学习掌握新的战略战术和技术，不断提高抗击、歼灭日军的本领。千方百计筹措军费和物资，改善部队的武器装备，扭转刚下山时"人员一万多，枪不足七千"的落后局面；军部把海内外同胞捐赠的医药器械开设了前方医院、后方医院，建立起从军部到连的医疗卫生保障体系；把捐赠来的汽车编成车队，建立起军部和各支队间的兵站线；利用缴获的设备和民间作坊工具，开办了修械所、兵工厂。由于按现代战争的要求全面建设部队，有效地提高了部队作战能力。据统计，从1938年5月至1941年5月期间，新四军对日伪作战4967次，缴获各种炮60门、轻重机枪1644挺、长短枪4.8万多支、歼灭日伪军13.2万多人，完成了战略开展和开创华中抗日根据地的战略任务。

叶挺在探索创建人民军队的道路上，历尽坎坷。在艰辛曲折的历程中，他表现出的对共产主义的坚定信念，爱祖国爱人民的崇高思想，富贵不淫、威武不屈的高贵品德，坚韧不拔、临危不惧、百折不挠的英雄气概，是留给后人的宝贵精神财富。今天，人们缅怀叶挺创建人民军队的丰功伟绩，就想到继承和发扬他的崇高思想和革命精神，为加速推进人民军队革命化、现代化、正规化建设，为加快社会主义建设向前发展，作出更大贡献。

农家子弟

(1896—1911)

➔ 从小就爱问为什么

★★★★★

叶挺出生于广东省归善县周田村，即今广东省惠阳市秋长镇周田村。

周田村南距南海良港大亚湾二十公里，西南距香港五十余公里，是一个隐掩于一片起伏丘陵地带之中、绿树成荫、溪流纵横的美丽山村。这里参差错落地散布着十几个自然村，叶挺祖居的那个村子叫会水楼。这是因为，有两条溪水从山间潺潺流来，在村前汇合后奔向宽阔的淡水河而去，于是人们把祖屋和这个村子叫做"会水楼"。

1896 年 9 月 10 日，也就是清光绪二十二年八月初四，会水楼农民叶锡三的家里，生下了一个男孩子，这就是叶挺。他是叶锡三的后妻吴氏接连生下的第二个男孩。叶锡三按照家族以"为"字排名的规矩，给他起名叫为询，字希夷。

叶挺家租种地主的水田，将近一半的收成被地主收去以后，全家人在大多数日子里，只能靠稀粥和红薯充饥。到了青黄不接的季节，叶挺一班兄弟姐妹们，都盼着梨熟季节快快到来。夏末秋初，叶锡三精心培育的沙梨，还有龙眼、橄榄等应时佳果，都下来了。大人们把这些水果挑到离家两公里的牛郎径，从那里装上小船，沿淡水河顺流而下，送到惠州府去卖，再买回粮食和油盐来。如果能卖上好价钱，父亲就会买回几斤肥猪肉和咸鱼，这时母亲就会每天煮一顿干饭，炒两个有肉的菜，再蒸些咸鱼，让全家人吃上几顿好饭，改善一下生活。

叶挺的孩提时代，是在母亲的背上度过的。很小的时候，他从母亲背后的背篼里，看着母亲挖土、浇菜、喂猪、舂米；稍大一些，又坐在田埂上，看着母亲撒种、插秧、耘田、割禾。

幼年的叶挺生活在农村，对周围的一切事物怀有好

△ 叶挺的家乡广东惠阳县秋长区周田乡会水楼村

奇心，对父母耕田劳作，兴趣尤浓，对不明白的事情，总要问个“为什么”，探索其中奥秘。

他 5 岁那年，看到自家收割的黄澄澄的稻谷，大担小担地送进地主的粮仓里，便噘起小嘴向父亲说：“我家收的稻谷为什么要送给人家？”

父亲说：“田是人家的，耕人家的田，就要交租子。”

“他家有田，为什么自己不耕？”叶挺追问。

“他家田多，耕田又辛苦，有钱人家都不做的。”

“我家不怕辛苦，为什么自己没有田？”

“你就喜欢刨根问底，等你长大以后就会明白了。”父亲被问烦了，拒绝回答。

他喜欢看父亲侍弄果树。一天，叶锡三正在给梨树嫁接。叶挺又发问了：“这树这么小，怎么要把它砍断，又接起来呢？”

叶锡三看到儿子对种果树搞嫁接产生了兴趣，就想到他长大以后，可能会把自己开辟的种果事业接过去发展起来。于是他一边把什么是嫁接、为什么要嫁接等道理讲给儿子听，一边作了一番嫁接表演。老子高兴，儿子更高兴。接着，叶锡三又手把手地教叶挺种下了第一棵荔枝树。至今这棵荔枝树还枝繁叶茂，每年果实累累。

叶挺随着年龄的增长，什么活儿都想学会做。到了插秧季节，他常跟着母亲下田，把一把把秧苗分送给大人们，然后又学着大人的样子，把稻秧插在泥里。耘田的时候，又学着大人那样拄一根竹竿，在稻田里来回地走动，拔除稗草，踩倒杂草。收割水稻时就更忙了，他要从家里往田里送饭，要把零散的稻穗捡到一起，要把打过的稻草拖到山冈上去晒，把割过的稻根茬子翻到泥里沤肥。

叶挺在农村生活了 15 年。他从 5 岁起学做农活儿，一点一滴地掌握了种粮、种菜、种果、放牛、饲养禽畜、做豆腐、生豆芽、做饭菜等多种生产、生活知识，养成了热爱劳动的良好习惯。这对以后他度过许多坎坷磨难，都是极为有益的。

→ "孺子可教也"

★★★★★ （7—15 岁）

　　1903 年初春，叶挺还没满 7 周岁，叶锡三就把他领进了近在咫尺的腾云学堂。老师叶友山是一位通晓古籍的老学究。他用的教材是《三字经》、《千家诗》、《幼学琼林》、"四书"、"五经"那些传统课本。

　　老先生开堂上课，别的学生都是目不转睛地看着老师，偏是叶挺一个人东张西望，心神不定，似乎是想着别的什么事情。温习功课的时候，别人都口唱心想地朗诵诗文，叶挺竟未经请假，溜出了课堂，坐在阁楼里劈竹篾，编制鸟笼菜篮。老先生脾气大，晚上跑到叶锡三家里，当着叶挺的面，向他老子告了一状。

　　叶锡三听说儿子逃学，操起棍子，就要动武。老先生连忙挡住说："且慢，我已打过他的手板，这会儿倒要叫他说清楚，到底愿不愿意上学读书？"接着又问："我当堂授课你心不在焉，到底想着什么？"叶挺委屈地说："我想的都是先生讲的话。"老先生满心狐疑，又问："我讲的诗文，你都听懂了？"叶挺又委屈地说："当然听懂了的。"老先生不相信，要出些难题考考他："那你就把我今天上午讲的课文要旨讲一讲，让令尊和我都来听听。"叶挺毫无怯色，流利顺畅地讲了起来。叶友山尽管心里满意高兴，而脸还是绷得很紧。他对叶挺说："你诗文讲得还好，但何以无视校规堂纪，擅自去做鸟笼子？"叶挺说："我是背好了书才去做的。"老先生又点出几篇较长较难的课文，叫他当场背诵。叶挺张口就背，抑扬顿挫，咬字清楚，把老先生指定的篇章，滚瓜烂熟地从头到尾背了一遍。

叶老先生听着听着，心里的气恼不知不觉便烟消云散了。他找叶锡三作了个别交谈。老先生歉疚地说："如此看来，是老夫错怪令郎了。他虽是童心未除，顽皮不羁，有待严加管束，但前此老夫所见，天资聪颖，勤勉向学，乃是千真万确。我要再次向你祝福，说一句至理名言——孺子可教也。"

此后，叶老先生对叶挺一改厌恶为亲近，除了正堂授课之外，还指导叶挺精读"四书"、"五经"、唐诗和《资治通鉴》中的大量精粹之作；又手把手地教他练习大仿、小楷，掌握书法要领。叶挺平生的最高学历是中国的高等军事学府保定军校、苏联的东方大学和红军学校，但他渊博的历史知识、古文功底，高超的文字表达能力，刚劲俊秀的书法艺术，却是在故乡母校腾云小学，通过严师叶友山老先生的谆谆教导打下基础的。

几年之后，叶友山老先生告老还乡。校董事会又聘来一位老师，名叫陈敬如。此人是淡水地区颇有名气的新派人物。

陈老师开始正式授课，他讲的第一课是地理。在这一课里，他让这班偏僻山乡的孩子们知道了我们的祖国处在地球的东半部，有广大辽阔的土地和海洋，有寒带、温带和亚热带，有绵长的海岸线，有丰足富饶的物产资源。他讲的第二课是历史。他又在这一课里让学生们知道，自从盘古开天地，我国已有四千余年的文明史。在这漫长的岁月中，涌现了众多卓越无比的科学家、文学家和卫国保疆的英雄豪杰。这些中华民族的精英人物，舍生忘死地保卫了祖国的神圣疆土，呕心沥血地创造了光辉灿烂的科学文化，使我国成为屹立世界东方的伟大文明古国。

这些闻所未闻的新鲜知识，开阔了叶挺的胸襟，扩展了他的眼界，一股爱国主义的思想暖流，在他心中涌

△ 读书亭

动激荡。陈敬如也和叶友山一样，很快发现并针对叶挺具有充沛精力的特点，在正课之外，介绍许多书报给他看。书报的内容都是新派人物的革命舆论著作，如进步的《民报》，章炳麟论述驱除异族、光复旧业的《訄书》《驳康有为论革命书》，邹容鼓动人民奋起投身革命斗争的《革命军》，陈天华的《猛回头》等。叶挺读着这些时尚之作，不仅受到扣人心弦的革命理想的激励，而且帮助他领略了孙中山的革命学说，对孙中山这位民主主义革命的先驱者萌生了衷心崇拜及无限的爱戴。

陈老师有时还组织学生出去"远足"，走得最远的一次，是抄小路走了三十多里，到了大亚湾渔乡澳头村。从那里登高远眺，陈老师触景生情，又讲起了往事。他指着面前一望无边的大海说："同学们知不知道，远处海里还有个小岛，记不记得那是什么岛呀？"小同学们透过迷茫雾霭，仿佛看到了湛蓝的海水里真的显露出一个黑褐色的孤山岛影，正感困惑，叶挺却开口说道："那就是先生常讲的被英国霸占的香港岛吧！"

"对啦。"陈老师满意地看着叶挺说，"那就是鸦片战争后，英帝国主义强迫清王朝割让出去的香港岛。在以后的四十年中，英国又得寸进尺，先后侵占了九龙半岛上的尖沙咀和深圳河以南的大片土地，把它霸占的地盘扩大到了一千多平方公里。"

叶挺怒目圆睁，死死地盯望着那个东南海域，仿佛看见了挂在那里的米字旗和站在那些旗下的英国士兵。他恨不得插上翅膀，飞过海峡，把那些令人憎恶的英国旗全都撕个粉碎。

→ "人要上进，叶要上挺"

1911年春天，15岁的叶挺，步行五公里，在淡水河边搭乘帆船，到惠州城蚕业学校去读书。

临行前，恩师陈敬如又和他作了一次长谈。陈老师勉励他把握前进方向，奋发上进。还依据多年来对他的了解，提议给他再起一个名。陈老师说："你的名字叫为询，固然也好；但如能简化成一个'挺'字，韵味铿锵上口，含义亦可显示'人要上进，叶要上挺'和'挺身而出，拯救中华'的志向，更加合乎你的性情。"叶挺感于陈先生多年来诲人不倦至今还对他关怀备至，又觉得这个"挺"字韵正意深，确是难得，便当即欣然接受，衷心感谢。"叶挺"这个响亮的名字，就是在离家前夕这样产生、开始启用的，而用了15年的"为询"，以后便作为"曾用名"，很少使用了。

封建官吏严密控制下的蚕业学校，冷冷清清，死气沉沉。但同在西湖之内的惠州府立中学堂，却因校内有一批革命党人响应孙中山的号召，传播革命思想，推动革命运动，显得非常活跃，生气勃勃。不久，许多消息传进蚕业学校，说是省城的革命党人正在秣马厉兵，准备发动起义，叶挺家乡附近淡水地区的民军，也在邓铿的领导下聚集着力量，要来攻打惠州城。

在革命势力和没落的清王朝行将展开生死较量的紧张气氛中，叶挺和他的几个小同学，盼望着革命高潮早日来临。叶挺早在一年前已剪掉辫子，同学们在这革命的暴风雨就要来临的时候，也剪去了标志清王朝顺民的"猪尾巴"，表示支持革命。三月廿九，孙中山、黄兴筹划的广州黄花岗起义遭失败之后，驻在惠州的广东陆军提督秦炳直疯狂镇压革命党。蛮横的清军大兵到处捕杀没有辫子的"叛逆者"。叶挺和几个同学也因没有了辫子，躲藏在学校里不敢外出。

这事却吓坏了校长，他赶忙领着叶挺去拜见知府，开出一张"护照"，把叶挺遣送回家。叶挺回到家里，把惠州的经历如实禀报父母。叶锡三听了暴跳如雷，大骂一通，说叶挺不忠不孝，不仁不义，是个真正的"乱党分子"。叶挺自知与他争辩无济于事，索性闭门读书，不再吭气。但坚决不留回辫子。

晚上陈敬如老师得闲的时候，叶挺又去找他谈心。陈老师对叶挺在惠州的遭遇非常同情，他告诉叶挺：不必为广州黄花岗起义失败过分担忧，七十二烈士的热血不会白流，更大的革命风暴就要到来了。

叶挺在家自学两个多月之后，便由陈老师推荐，返回府城，进入了惠州中学堂。

正当叶挺在"山雨欲来风满楼"的革命形势下，遂心如意，刻苦努力地吸吮着新的思想、新的知识的时候，长江岸边的武昌城，爆发了又一次武装起义。这场发生在 10 月 10 日，标志着"辛亥革命"胜利成功的起义，旗开得胜之后，全国各地纷纷响应，14 个省份脱离清廷宣告独立，清王朝寿终正寝，土崩瓦解。接着孙中山被推选为临时大总统。次年元旦又在南京成立中华民国临时政府。这些壮举，又在惠州引起了轰动，欢呼庆祝，连绵不绝。

叶挺欢欢喜喜地参加完这些庆祝活动之后，怀着喜悦的心情回家度寒假过春节。

立志强兵救国

（1911—1922）

→ 考军校去

叶挺回到周田村家里不久，在广州测绘学校读书的胞兄秩平也回家来了，带来了陆军小学招生的消息。这正是叶挺孕育着理想，但又苦于不得其门而入、焦急烦躁的时候，军校招生的消息真是旱苗得雨正逢时。

早在腾云学校读书的时候，叶挺就从陈老师那里知道了帝国主义侵略我国，靠的是强大的军队。如果我们也有强大的军队，就能战胜列强，保卫我们的国家。年少的叶挺萌发了投笔从戎、"强兵救国"的雄心壮志。但当时年纪尚小，从军也无门可入，心又凉下来了。如今陆军小学招生，真是千载难逢的好机会。于是，他央求哥哥出面向父母说情，让他去考军校。秩平听后爽快地答应了。

在全家聚到一起吃饭的时候，秩平望着着急火燎的叶挺，对父亲母亲说："广东陆军小学招收新生，弟弟想去报名应考，我很赞成。他从小就梦想横刀立马，为国效力，如今革命大业方兴未艾，新学蜂起，又推出一门军事学来。弟弟既然有志于此，又长得魁伟强壮，相貌堂堂，我看是个能文能武的将才。理应让他实现抱负，遂心如意。"

叶锡三听着这些话，老半天闷不做声，什么话也不讲。想到"儿大不由爷"、"仔大仔世界"的趋势，横下了一条心对妻子吴氏说："人各有志，不能勉强。既然他哥俩已经私下商量好了，咱们要挡也挡不住。那就让他出去闹吧。"

兄弟俩到达广州之后，吃惊地了解到，本次招生规定，所有的报考者，都要由各县保送。惠阳县已推荐了三四个人，名额已满。这可把小哥俩急坏了，接连往报名处跑了几次，发现阳江县至今还没有一人报名。叶挺向报名处的官员请求变通一下，把他当做阳江县的考生报上名。那位官员见叶挺身体壮实，举止端庄，言谈不俗，求学心切，便慨然应允。发榜那天，在数十名被录取的考生当中，叶挺的成绩突出，排在第三名。

叶挺来到广州东郊珠江河中的黄埔岛，注册入学了。就是从这时开始，他认识了与他同时入学、以后长期征战在中国新旧民主主义革命的战场上、扮演着各种角色、成为知名将领的张发奎、黄琪翔、余汉谋、李汉魂、吴奇伟、李扬敬、李振球、罗梓材、朱晖日、叶肇等一大批同学。

从此，叶挺在这个设在珠江小岛上无异于兵营的初级军校里，意气风发地钻研着军事科学知识，得心应手地完成了三年学业。到1915年新年过后，他又以优异的学习成绩，被保送到设在武昌的湖北陆军第二预备学校，在新高度上，继续接受深造。预备学校开课一段时间之后，叶挺的淡水同乡邓演达也从广州来到这里，与叶挺作了同学。

叶挺为研究高级军事科学作好准备，抓紧学习无机化学、解析几何、微积分和德语等课程，刻苦攻读，锲而不舍，考试成绩逐次提高，都是优等水平。在术科方面，也是成绩突出，名列前茅。

叶挺在陆军小学和预备学校的学习生活，是在中国政局风云变幻中度过的。曾使叶挺为之振奋的辛亥革命，有如昙花一现，使叶挺感触颇深。他觉得，一切称得起革命的行动，必定要有军队和民众觉悟起来，振奋起来，共赴国难，才能获得成功。

⊙→ 辩论《新青年》

★★★★★

（20岁）

在陆军预校学习两年的叶挺，变得更加成熟，更加多思，更加忧国忧民了。他不再满足于学好预备学校的课程，做好军事操练。而在课外博览群书，研讨哲学和社会政治学。

叶挺有感于武昌的驻军和民众对讨袁斗争的冷漠态度，给著名的《新青年》杂志写了一封信，发表在1917年2月该刊第二卷第六号上。

叶挺这封用文言文写的两千多字的长信，是一篇政治性论文和哲理性作品，对《新青年》一年多来提倡新道德的问题，大胆而很自信地提出了意见，并与编者进行商榷。叶挺认为在当今这

△ 叶挺在保定陆军军官学校学习期间留影

个黑暗腐败的社会里，单靠提倡道德是不能"障此狂波，拯斯溺世"的，还必须采取实际措施启发和提高人们的觉悟，才能提高道德。他指出："无觉悟之心，虽道德其行其言，皆伪君子乡愿之流亚也。"在他看来，一个人要是没有觉悟，虽然说得好听，做得道貌岸然，那也都是伪君子欺世盗名之流，一切不道德的言行，正出于无觉悟之心。

他进而揭露和严厉抨击了当时社会上的种种丑恶现象："今吾群之颓丧，正伪君子乡愿之流，扬波扶流，致一世胥溺。是非不辨，黑白混淆，贪赇猾法，鼓簧诪张，尽灭天良，日逐兽欲，而能逃出坑堑者实难其俦。"用什么办法医治这种恶症呢? 他断言："仆敢信独步单方，惟觉悟二字。"

叶挺以孔子、孟子、王阳明等古代学者先哲们的有关学说来论证他的上述观点，然后又提出觉悟是什么，觉悟的真谛又在何处。他从宇宙观、人生观上，阐发了他的思想认识，批判了基督教"天帝创造宇宙"的说法，

△ 《新青年》刊登的叶挺来信

又批判了当时的"原子莫破"说。还列出哲学家们的各种学说指出对宇宙物质起源问题现在还无法解答。

叶挺对各种人生观进行了评述和批判，将自己主张的人生观和觉悟作了明确的叙述："惟独任吾之精神不累于外物，不累于物欲，随遇而安。惟行吾素，险安足惧，名安足慕，利安足求，圣人所谓无所为而为之是也，即仆所谓觉悟真谛之义是也。"他对《新青年》编者再次说明，要讲道德必先从自身的觉悟开始。

叶挺作为一名青年军人，向闻名全国的《新青年》杂志提出商榷，探索宇宙、人生哲理，提出救国救民的"单方"，树立"振污世、起衰溺"的伟大志向，和不为物累、不溺于人欲、有利社会的人生观念，这是难能可贵的。《新青年》编者赞扬说："足下对于宇宙人生之怀疑，不欲依耶佛以解，不欲以哲学以解，不欲以怀疑故遂放弃观世之价值与责任，而力求觉悟自身，是正确之思想也，是邻于科学者也。足下其无疑于吾言也。"这是对叶挺很中肯的评价。

距叶挺写这封信的21年后，美国著名记者斯诺等人所著《抗战人物志》一书中，对叶挺作过这样的描述："在他的谈话中，你发觉这是一个有了哲学基础的人，一个对于宇宙观和人生观都有了正确的认识和把握的人。他读过不少的书，对中国的政治问题特别有研究。……他之所以成为一个著名的革命军人，与其说是因为有军事的天才，或卓越的勇敢，毋宁说是因为他有了丰富的政治知识。"斯诺等人犀利的目光，对叶挺的观察和了解是相当深刻和准确的。

→ 保卫孙中山

★★★★★

　　1916年末，叶挺在武昌修完预备学校的课程。翌年春天，升入了当时的中国最高军事学府——保定陆军学校，编在入伍生队工兵连。半年入伍生训练结束之后，编入第六期本科学习，他对战术、筑城、爆破、地形学等兴趣很浓，尤其对胜败攸关的战术课更是学入了迷。他总是主动要求教官出情况，沉着大胆地处置。在多次沙盘作业和擂台比赛时都以兵力调用适当，战机选择适时，攻防战术运用娴熟，富于想象而被评为驾驭能力优胜者。1919年新年过后，叶挺等第六期学生毕业了。他的好朋友邓演达、李振球、罗梓材等被派到北方地区的边防军部队。叶挺则因还想继续深造，向校部递了申请到德国留学的报告。学校根据他的申请，对他进行全面考查，批准了他的要求。但虽是公派留学，仍需自带大笔"私费"。叶挺筹款无着，只好痛苦地放弃了出国留学机会。他按照和邓演达的约定，到福建漳州去，投奔援闽粤军。

　　叶挺到福建漳州，会见了援闽粤军司令部参谋长邓铿。

当下，邓铿亲切地拍着叶挺的宽厚肩膀说："欢迎你这个淡水小同乡，欢迎你这个保定军校的高才生。我们的军队需要有真才实学的新型青年军官充任骨干。这样的同志，来者不拒，多多益善。你有志于出国深造，待革命成功之后再展宏图，也未为晚。"

关于叶挺的任职问题，邓铿说："你可以先到第一支队去担任副官，协助支队李炳荣司令做些整训扩编工作，这对你尽快熟悉部队情况，很有好处。"

援闽粤军，是孙中山进行护法斗争的基本部队。叶挺在一支队一边紧张工作，一边挤出时间集中阅读孙中山的著作。短时间内，他看完了当时能够找到的所有文稿。在系统地学习了三民主义学说之后，他主动提出申请，加入了中国国民党。

8月16日，粤军为驱逐霸占广州的桂军，兵分三路向广东进发。10月28日，又攻克广州，基本上控制了全省局势。

一个月后，孙中山由上海回到广州，建立了军政府，整编为粤军第一师。叶挺任少校参谋，稍后又调到师直属工兵营担任副营长。

叶挺忙于编练工兵营时，南方的局势有了新的发展。1921年4月，孙中山就任非常大总统，经三个月的斗争，统一了两广，决定举行北伐，设大本营于广西桂林。工兵营改编为孙中山大元帅府警卫团第二营，叶挺升任营长。

10月15日，孙中山出巡广西。一个月后，叶挺第二营受命归建，乘船开往桂林大本营。此行还有另一个特殊任务——护送段祺瑞的代表徐树铮，到桂林晋见孙中山。这是叶挺第一次带领部队单独远行。他意识到这是关系着北伐大计、保卫孙大总统的非同小可的任务。他不敢稍有松懈，关照船队安全航行。

某日，船队由梧州向北，将转入桂江航行。正准备起锚开船，传令兵跑来报告，说是岸上有一位高级军官，要搭本营的船前往桂林。叶挺闻报走出船舱。只见站在岸上的，竟是穿着笔挺军服的粤军第二军参谋长蒋介石。叶挺当即上前施礼，请蒋介石和他的随从人员上船。

蒋介石上船以后，向叶挺讲了他的一些情况。说他是回家乡为母亲奔丧期间，接到孙中山的电报，要他赶往桂林的。叶挺对这位上级敬重有加，吩咐管理人员为他办好伙食，一切生活起居，都要照顾妥帖。蒋介石那年36岁，叶挺见他在行船途中还孜孜不倦地阅读孙中山的书，对他的勤勉好学，颇有好感。

但是，蒋介石在船上刚呆了一天，就烦躁起来了。第二天船队停泊过夜时，他说要上岸走走。以后几天，他有时离船上岸，以轿代步，有时还宿娼嫖妓，干些有损军纪的事。叶挺对此大感不解。徐树铮对他说："蒋先生在上海时，向以沉醉东山丝竹闻名，是风流惯了的。叶营长大可不必过分介意。"从而给叶挺留下一个坏印象。及至中山舰事件之后，更彻底认清了蒋介石："原来他也是个假革命。"

1922年1月18日，船队安全抵达桂林。叶挺胜利完成任务，率队下船，驻进了皇城大本营内的警卫团营房，担负起保卫大本营的任务。

5月，按大本营命令，叶挺第二营回到广州，驻进观音山下的总统府。

6月上旬，北伐军在江西前线接连取胜，迫近赣州之后，叶挺接

△ 叶挺与大本营警卫团各将士合影（前排右四为叶挺）

到命令，准备率部护送孙中山到韶关大本营。

15日下午，正当叶挺关照部队做好移防准备的时候，广州市内人心惶惶，出现了陈炯明属下的叶举、洪兆麟部队频繁调动、准备打仗的异常情况。

陈炯明即将公开叛乱了，广州市内敌我力量非常悬殊。叶挺负责守前门，总统府只有叶挺第二营和薛岳第三营共五个连，而要抗击敌两个师的围攻。叶挺作出精心部署，动员官兵誓死保卫孙大总统。

16日凌晨1点多钟，在叛军步步进逼的危急情况下，孙中山化装成出诊的医生，离开粤秀楼，穿街过巷，转到停泊在珠江河面的永丰舰上。而孙夫人则因已怀有身孕，不愿拖累孙先生而没能与他同行。孙中山出行不久，叛军开始向总统府打炮，随后叛军步兵蜂拥而上，发起了冲锋。

叶挺亲自指挥轻重机枪,以交叉火力猛击叛军的密集人群。顿时,敌人的成片尸体把炮火轰塌的围墙缺口重新堵塞了起来。在长达六小时的反复搏杀中,打退了敌人的五次进攻,使密集在围墙外边的叛军,不能越雷池一步。但由于守卫大总统寓所的卫士队伤亡很大,抵挡不住叛军的围攻,不得不放弃那个据点,趁天黑夜暗,簇拥着孙夫人通过天桥,退到了总统府。随后在警卫营官兵掩护下,由随从人员扶持着冲出险境,逃到某大学校长的家里隐蔽起来。

17日晨,敌人快攻进总统府的时候,叶挺和薛岳率士兵从前门冲出去,即遭到叛军的拦堵。叶挺把钞票撒在地上,乘叛兵争抢钞票之机,跑到街上。冒着敌机枪扫射,穿过几条街,被追赶到偏僻的巷子里。一个在洗衣服的妇女帮他搬来梯子,让他爬上房顶,在瓦面疾走数十栋房屋,才脱险进入一个印刷店,被一位好心的老阿婆收容。

这次事变中值得庆幸的是,孙先生和孙夫人虽然历尽凶险,却仍九死一生。但不幸的是,孙夫人唯一的一个尚未降生的孩子流产了。

几天以后,叶挺设法到了"楚豫"舰。根据孙中山的嘱咐,他和林植勉(孙中山的秘书)、李章达(警卫团团副)留在舰上观察叛军动静。他们受到想投降依附叛军的海军临时总指挥欧阳格的监视,准备把他们绑送陈炯明以邀功得赏。幸好得到水兵和一个英国人的帮助,得以逃到沙面码头,登上开往香港的轮船,才得以离开险境。

叶挺到香港几天后,又遵照孙中山发来的命令,和薛岳一起由广州潜往高州山区,收编绿林豪杰约一千人,举兵抗击陈炯明。经过的两个月的斗争,还是失败了,只得又逃回香港。

奋力打造新型革命军队

（1923—1927）

留学莫斯科

　　1923年2月21日，孙中山再次由上海回到广州，重建革命基地。叶挺看到，虽然国民党改组了，但革命阵线内部政客明争暗斗；驻在广州市的滇桂粤各军部队贪赃枉法，营私舞弊。叶挺回到粤军第一师，到邓演达当团长的第三团，当第二营营长。但这时的第一师经过陈炯明破坏后，昔日的严明军纪已荡然无存，官兵沾上嫖赌饮吹恶习，令人触目惊心。叶挺在第三团待了四十天，便辞了职。他想到辛亥革命以来，连年军阀混战，民不聊生。那些叫喊"效忠民国""拥护共和"的所谓革命军队成了政治野心家争权夺利的工具。他更加感到建设一支能够救国救民的新型革命军队是头等大事。

　　这时，孙中山提出的"以俄为师""联俄、联共、扶助农工"的政策，得到各界人士赞同拥护，广东兴起了"亲苏热"。这样，叶挺产生了到苏联去学习军事的愿望。他把自己的想法报告给了孙中山和廖仲恺，得到了赞许和支持。邓演达从第一师的公积金中拨出一笔款子，资助叶挺赴苏留学。

1924年7月上旬，叶挺告别了亲朋故旧和未婚妻李秀文，带着中共中央机关写给中共旅莫支部的介绍信，离开广州，前往苏联莫斯科。

在中共旅莫支部的安排下，叶挺与从法国巴黎结束了勤工俭学，来到苏联的王一飞、熊雄、聂荣臻、李林、范易、傅烈、穆清等二十多名共产党员和青年团员，还有一些从国内直接来到苏联的共产党员，一起进入了东方劳动者共产主义大学。

东方大学的这个中国班，主要学习理论和俄文。理论方面有马克思、恩格斯、列宁的著作，世界革命史、工人运动史、俄国十月革命、俄共（布）党史、中国革命史和政治经济学。这都是叶挺在广州时便已开始涉猎的新的知识领域，这回接受系统的讲授，他兴趣很大，学习的劲头更大。

叶挺在孜孜不倦地学习的同时，产生了加入中国共产党的强烈愿望。他忠实坦诚地向党组织提出了申请。在他进入东方大学一个多月以后，加入了中国社会主义青年团；又经过党组织两个多月的认真考查，吸收他加入了中国共产党。

12月1日，中国共产党旅莫支部召开了有70人出席，由李求实任主席、张军曾任记录的第八次大会。在这次大会上，经过大会讨论后表决，吸收叶挺为候补党员。据当年旅莫支部记录记载，在讨论叶挺入党的时候，先由执行委员罗觉介绍情况："叶希夷从前为军人，具有革命热诚，知识虽然浅薄，而革命的人生观则已确定。他的介绍者是王若飞和王一飞。"接着是王若飞报告叶挺的简历，他说："希夷同志前在广州当卫队营长。广州政变时，陈炯明反叛，他率部保护孙中山脱险。国民党改组后，他看到国民党员颓靡现象，极抱悲观，于是辞职，忧郁成病。后闻俄国革命成功，甚愿来此学习共产党，及来后认识确定，甚愿站在无产阶级，作革命的先锋。"执行委员陈乔年补充说："叶挺同志确系军人，但来此后甚盼学习无产阶级革命的经验与理论，虽为国民党员，而却表示无产阶级革命的精神。"最后，罗觉又报告了"叶挺同志是中央介绍来俄"的背景情况，表决全体通过。

正当叶挺以一个共产党员的崭新风貌，在东方大学刻苦钻研马克思主义理论的时候，又传来一个消息，由

△ 在苏联学习时与同学合影（左一为叶挺）

于中国革命形势发展很快，急需加速培养军事人才，斯大林已经作出决定，要在苏军的红军学校中专设一个中国班，为中国造就军事干部。叶挺的许多同学听到这个消息，都希望能有机会学习军事，而叶挺自己更为他的终生夙愿将会实现，感到非常兴奋。到了1925年的2月，这个传闻终于变成了事实。叶挺和王一飞、熊雄、聂荣臻、范易、颜昌颐等三十余名中国留学生，离开东方大学，转到红军学校，开始了军事学习。

这所设在莫斯科城内的红军军事学校，由于当时国际斗争的复杂环境，对外是保密的，尤其是新设立的中国班，更是绝对秘密。叶挺等进了这所学校，便是纳入了苏联红军的编制序列，服装用品、起居生活制度都和苏军一样。一切军事课程、军事操练和站岗警戒，也是同样要求。从东大到军校，从文人到军人，变化不为不大。大多数同学，一下子过上了紧张劳累的军事生活，都感觉有些不适应，但从军十年的叶挺却是驾轻就熟，没有什么异常感觉。

红军学校的军事教官，都是由苏联国内战争时期师级以上的高级指挥员中抽调来的。他们既有实战经验，又有理论水平，教学方法又是理论讲授和现场操练密切结合，因此叶挺对他们的讲授都很爱听，也都能听懂。特别是讲完一段课程，把他们带到莫斯科郊外的森林里，住帐篷、睡草垫子，接连不断地进行战术、技术和射击等项实战演练，叶挺的深厚军事根基，就更加突出地显示了出来。许多有眼力的苏联教官，都对叶挺刮目相看。他们说，叶挺的军事学识并不低于这个中国班要求的高等水平，他的军事前程是未可限量的。

这时，中国国内的革命斗争继续迅速向前发展。全国工农运动的进一步发展，广东革命基地的进一步巩固，为北伐统一全国开辟了光明前景。共产国际和斯大林根据中国国内对于军事干部的迫切需求，在红军学校中国班完成了半年学业之后，决定给予全部结业，分批安排回国。

1925 年 8 月上旬，叶挺和 26 个在苏联学军事的同学一起，由王一飞负责带队，离开莫斯科回国。

叶挺在上海停留了一个星期，又和南下的一部分同学结伴乘船回到了广州。在中共广东区委书记陈延年和军事部长周恩来的主持下，大部分同志分配到黄埔军校，叶挺则被分配到由粤军第一师扩编而成的国民革命军第四军，担任参谋处处长。

→ 编练独立团

★★★★★

（29-30 岁）

1925 年 11 月初，叶挺在讨伐陈炯明的第二次东征战役的惠州前线接到一个新的任职命令，调他到正在组建的、以共产党员为骨干、由中共广东区委直接领导的第四军第十二师第三十四团，也就是后来的叶挺独立团，担任团长。

这时东征战役即将结束。叶挺接到调动命令，立即交代了公务，赶回广州，接受了区委的有关指示，马上转赴第三十四团的驻地——西江肇庆市。住下来后，立即向全团传达广东区党委下达的各项指示。然后深入分队听取官兵对训练的意见，分别拟订了分队训练和干部训练的计划，在全团掀起练兵热潮。

叶挺素来主张"苦练出精兵"。他要求部队磨炼出坚强的意志、充沛的体力和高超的技能，在战场上能克服敌对势力和大自然加给的各种艰难险阻，压倒对手，克敌制胜。当了团长的叶挺当时还剃着光头。这是他在苏联学习时留下来的军人习惯。在苏联大半年严格紧张的军训生活，他深切体验到，军人高超的作战技能和坚韧无畏的优良品质，应在训练场上锤炼出来。党在广东北伐出师指日可待的形势下组建本团，就是要求本团军政训练，必须打破常规加快进度，在短期内培育出坚强的战斗力，随时准备上战场。为此他采用"四操三讲"的日程，比友军的"三操两讲"整整多出两节

△ 阅江楼旧址

△ 国民革命军第四军独立团团旗

训练时间。叶挺作为团长，在练兵中既要掌握全团的训练进程，又担负一部分授课示范，把自己的汗水和官兵们流在一起，这种身体力行的表率作用，在 20 年代的中国，也是开了一代新风。

第三十四团的建团训练，是一场既练军事又练政治的全面练兵。叶挺既管军事又管政治，尤其注重加强政治教育。他给官兵讲"社会发展史"，又组织"革命军的性质和任务"的教育，要求官兵树立崇高理想和革命信念，牢记革命军为人民群众谋利益的宗旨。整训结束时，宣布了三条纪律：连队军官和士兵吃一样的伙食；经济公开；严禁体罚。大力整顿了军容风纪，使党设计的革命新军的雏形开始呈现。

转眼到了 1925 年年底，经过近两个月的紧张奋斗，第三十四团的军政训练和各项工作都已走上了轨道，又在官兵中发展了一批党员，进一步加强了党的领导。

元旦那天，广东区党委和第四军军部同时发来两份内容相同的公文，通知第三十四团自即日起该团脱离第四军第十二师建制，改由第四军军部直接统辖，改称第四军独立团。"叶挺独立团"这个响亮称号，也就从此叫了开来。

叶挺又趁肇庆人民新年劳军的机会，组织官兵广泛接触群众和走访工、农、商、学等群众团体，感谢他们的热情支持。群众团体盛赞独立团建团以来勤学苦练，爱民忧国，纪律严明，文武双全，移风易俗，是一支名副其实的仁义之师。

元旦过后，肇庆市附近的高要县岭村地区，发生反动地主民团武装袭击农民协会，残杀农协会员的严重事件。不久，新会县也发生土匪暴乱的事件。事件发生后，

△ 叶挺和夫人李秀文

中共广东区委和第四军军部分别发出指示，命令叶挺就近派出部队，对暴乱地区的局势加以控制。广州国民政府决议，决定成立以叶挺为首的绥缉委员会，授以全权，对高要事件进行处理。叶挺派出第二三营开赴岭村，第一营进驻新会，协同农民自卫军镇压反动民团和土匪，惩罚了罪魁祸首，平定了叛乱。

叶挺在这场尖锐的斗争中，坚定地执行党的农村政策，保护支持农运，打击封建势力，在军政并用、先礼后兵、减少损失破坏和实施处罚裁决等方面，策略运用得当，出色完成了任务。部队在战斗中，表现出高度的组织纪律性。战斗结束后，部队把缴获的枪支弹药和金银财物全部交给当地工会、农会，支援工农运动和慈善事业。当地群众和侨居海外的同胞对此非常感动。叶挺带出的部队以纪律严明、秋毫无犯而扬名海内外。

→ 北伐先锋

★★★★☆

（30岁）

1926年5月上旬，叶挺率领独立团担任北伐先遣队，开赴湖南前线。途经广州时，中共广东区委军事部长周恩来专程从汕头赶回来，为他们送行。他向独立团提出了加强党的领导，加强政治工作，依靠群众，团结友军，发挥先锋模范作用和一定要打胜仗的六点要求。

6月2日，独立团到达湖南安仁。叶挺作战前动员说："这是我们北伐第一仗，一定要首战打胜，振北伐军威风，灭敌人士气。"部队斗志高昂，冒雨奔赴禄田、龙家湾前线，采用中间突破、侧后包抄的战术，向投靠吴佩孚的粤军谢文炳部和赣军唐福山部展开猛烈反击。经过两昼夜冒雨苦战，将谢、唐两部共四个团全部击溃，并于5日在追击中进占攸县县城。独立团以少胜多，粉碎了吴佩孚

△ 北伐军攻克武昌后，被活捉的敌武昌守备总司令刘玉春等被押送法庭审判。

占领湘南、威胁广东的计划，鼓舞了士气民心，北伐军声威大震。

7月，国民革命军在广州誓师北伐，陆续开往湖南前线后，决定进行渌水、涟水战役。独立团协同兄弟部队攻打醴陵城，担任佯攻任务。叶挺指挥部队勇猛向前攻击。当前进到距城五里的五里堆时，发现城里一片混乱，敌人正在大肆抢劫，准备逃窜。这时担任主攻的友军大队人马还离城甚远，不见其动静。叶挺为抓住战机，把佯攻改主攻，主动指挥就近本团各营和友军的几个连队，迅速冲进醴陵城，歼灭了守敌，取得北伐军主力入湘后的第一个胜利。

8月12日，北伐军司令部拟订了第二期作战计划，第四军负责攻平江。平江地势险要，易守难攻。守将第五十混成旅旅长陆沄素以"健将"著称。他设置了坚固的工事，叫嚷平江"固若金汤，不可逾越"。19日凌晨4时，战役总攻按时开始。叶挺独立团于前一天晚上，随农民向导走捷径运动到距离敌人只有十公里的止马铺一带隐蔽露营。由于严密封锁消息，敌人毫无察觉。这会儿全军发起了总攻，独立团顺利地渡过了汨罗江。过江以后，叶挺立即命令特别大队向左翼童子岭进攻，掩护团主力、前卫第一营向平江县城搜索前进。不久接报得知童子岭、审思岭敌兵力雄厚，防守严密。叶挺当即命令第三营转头向南，强行回渡汨罗江，迂回童子岭、审思岭，向敌进行侧攻。使敌人受两面夹击，设置的堑壕、地雷、铁丝网，以及山炮、野炮等重武器火力都降低了作用。独立团一营和第三十六团一部迅速打进平江北门，逼近了敌指挥机关，陆沄才知道北伐军使用"虎腹掏胆"战法，已打到了自己的老窝。他紧急调用预备队，但为时已晚，大势已去。他的部队在仓皇应战中已被打得东逃西散。陆沄自知不能逃脱，喊一声："吴大帅害死我也！"枪击头部，自杀毙命。"固若金汤"的平江城防，即告土崩瓦解。

第四军占领平江后，便部署夺取天险汀泗桥的战斗。为保障战

△ 广州各界人民群众庆祝北伐战争胜利

斗顺利进行，叶挺接受了截断粤汉铁路的任务。他率部
于 8 月 24 日晨于通城出发，一天一夜急行军，于翌日拂
晓前赶到中伙铺车站，截击了坐火车来的敌第一混成旅
二团残部，将敌团长及四百多官兵全部俘获。中伙铺地
区即为第四军控制。26 日抢夺汀泗桥的战斗打响，独立
团和第三十五团沿铁路两侧正面进攻汀泗桥集镇。由于
敌人居高临下，正面还有洪水阻隔，敌纵深炮火又集中
轰击铁路沿线，独立团和第三十五团受阻，既渡不了河，
也过不了桥。叶挺眼见这种情况，便找来几位农民向导，
经了解情况后，决定采取迂回包围战术，绕道攻击敌人
侧后。凌晨 2 时，叶挺带着独立团主力进入山区，沿着
崎岖小径，几经艰难跋涉，在拂晓以前插到了汀泗桥东

北方向的古塘角附近。这时，桥南侧和西北方向的友邻正发动进攻。叶挺即将部队稍加整顿编组，向西南古塘角方向冲了过去，与兄弟部队相呼应，迅速形成对敌两面夹攻的形势。敌纵深阵地顿时一片混乱，不等他们弄清独立团是从哪里来的，这支天兵已冲进敌人的白墩高地，迫使其炮兵、步兵全线瓦解，投降缴械。接着，叶挺又对据守铁路东侧阵地的敌军官第一团团长、保定军校同学刘维黄展开政治攻势。并调部队包围对方阵地，迫使其下令全团放下武器。在北伐军的强大攻势下，敌军纷纷投降、逃窜。战略要地汀泗桥遂为第四军占领。

　　第四军打下汀泗桥后，叶挺率领部队马不停蹄地继续北进，追歼逃敌。正当独立团顽强向前疾进的时候，

△ 叶挺独立团战士在汀泗桥战斗中所缴获的部分武器

师长张发奎派骑兵送来一封注有三个"+"号的特急信件，说是为避免遭敌伏击，此次追击不得超过15华里。叶挺掂量着眼前的情形，觉得敌人沿途丢弃武器物资文件，逃得非常狼狈，这正是发挥猛打猛追战术威力，迅速扩大战果的时候，怎么可以停下来呢? 考虑再三，他还是认为这个战机不可错过，于是继续催军前进，穷追不舍。趁着敌人还很混乱的时候，把重机枪连和特别大队展开在铁路两侧，以强大火力掩护许继慎第二营强行冲过淹没在洪水中两里多长的铁路，他自己率领第一、三两营随后跟进，攻占咸宁城。

叶挺率部在咸宁稍事休整后，即参加第四军中路主攻部队北进，连克敌桃林铺、印斗山、贺胜桥三道防御阵地，占领了贺胜桥。

北伐军夺取汀泗桥、贺胜桥重创吴军主力，吴佩孚失魂落魄地逃回武汉，组织重兵死守武昌。叶挺独立团于9月1日进驻武昌城郊，参加攻城战役。由于古城武昌有两丈多高、六十余里长的高大城墙；敌人又在墙外挖了三米深、四米宽的护城壕，封闭了九座城门，城头上遍布射击工事，形成易守难攻的坚固堡垒。北伐军组织了两次攻城，都未成功。叶挺进行调查研究，拟订坑道攻城计划，用缴获过来的铁甲车掩护部队挖掘地下坑道，秘密运兵打进城内。敌人发现这项工程后，即派"敢死队"三千多人出城破坏。叶挺指挥部队进行反击，歼灭其大部。此事引发敌人内部分化，敌第三师师长吴俊卿秘密派人出城与北伐军联系投降。10月10日，吴部按双方商定计划，打开三座城门，接应北伐军进入城内，向顽敌展开攻击。叶挺指挥独立团冲上蛇山炮台，控制全城制高点，策应兄弟部队全面出击，占领了武昌城。

在北伐战争中，叶挺率领独立团当先锋打头阵，斩关夺隘，连战皆捷，在打垮吴佩孚军事集团的战斗中发挥了重大作用，为第四军赢得了"铁军"称号，叶挺被誉为"北伐名将"。

→ 南昌举义旗

武汉战役结束后，第四军扩编成两个军，叶挺先后升任第四军二十五师副师长和第十一军二十四师师长，并负责武汉警备任务。为了迅速提高部队战斗力和扩大党在军队中的影响，他到湖南、湖北等地收集独立团的伤病员归队，积极培养党员军事干部担任领导职务。

1927年4月蒋介石发动反革命政变后，叶挺加紧训练部队，准备东进讨伐蒋介石。4月27日，中共在紧急形势下于汉口召开第五次全国代表大会，叶挺负责这次大会的安全警卫工作。

5月，第四军、第十一军主力继续北伐开赴河南。蒋介石为了搞垮武汉革命政府，指使夏斗寅、杨森乘虚偷袭武汉。叶挺临危受命，按照党中央的指示，指挥留驻武昌的两个新兵团和由中央军事政治学校师生临时编组的中央独立师，以及农讲所学员等非战斗部队，愤怒讨伐叛军，经一昼夜战斗将敌击溃，使革命中心武汉转危为安。

　　叶挺部于 19 日打垮夏斗寅，长沙的反动军官许克祥又于 21 日发动了马日事变。叶挺立即把部队摆在咸宁一带拉开迎击敌人的阵势，并请求党中央允许他率部攻打长沙，以拯救湖南的工农运动。他表示："为了工农大众，我可以献出一切。至于解决许克祥，只要党一声令下，我随时都可以出发完成此项任务。"叶挺的请求没有得到回应，他只得从部队的缴获中抽出 260 支步枪和一批子弹，送给湖南农民武装，支援他们反击反动势力。

　　7 月，汪精卫与蒋介石同流合污，在武汉屠杀共产党员和革命群众。中共中央临时政治局决定独立领导武装斗争，以革命的武装反抗国民党反动派的屠杀政策。叶

△ 参加南昌起义的新四军部分干部合影。右六为叶挺，右一为陈毅，右四为粟裕。

挺率部东进讨蒋途中，按照党中央的指示，于 25 日将部队开往南昌，准备武装起义。

28 日，叶挺被任命为代理前敌总指挥。30 日下午 2 时，叶挺在心远中学指挥部召开第二十四师营以上干部会议。他传达了党的决定，分析了当时的政治形势，说："蒋介石、汪精卫先后叛变了革命，宁汉合流已成定局，国民革命面临严重的危机。党中央决定，实行武装暴动来挽救革命。我们的战斗任务，就是占领南昌城，彻底消灭城关内外的反革命军队。"他要求全师官兵发扬"铁军"的光荣传统，英勇作战，保证起义成功。31 日早晨，叶挺按照中共中央前敌委员会书记周恩来的指示，起草了作战命令："我军为达到解决南昌敌军的目的，决定于明日四时开始向城内外所驻敌军进攻，一举而歼之！"

起义战斗于8月1日凌晨2时提前打响。叶挺指挥所属部队按照既定计划发起攻击。尔后，他同周恩来到战斗打得最激烈的松柏巷指挥战斗，消灭了守在巷内天主教堂的国民党第六军五十七团。整个起义战斗经历了四个小时，叶挺部队和贺龙部、朱德部协同战斗，彻底消灭了南昌城内外的敌人。8月1日下午，由叶挺独立团扩编的第四军二十五师在聂荣臻领导下，在南浔线上的马回岭参加起义，于8月2日开到南昌城。至此，起义计划全部完成。

▷ 在以周恩来为首的前敌委员会领导之下，成立了起义总指挥部。贺龙、叶挺、刘伯承等是总指挥部的主要成员。起义总指挥部设在原南昌江西大旅社。图为起义总指挥部旧址。

奋力打造新型革命军队

起义胜利后，前委对部队进行整编，任命叶挺为代理前敌总指挥兼第十一军军长。8月4日，叶挺按照预定的回广东重建革命根据地、再次进行北伐的计划，开始南下进军。8月下旬，叶挺率部进入瑞金地区，遇到蒋介石和李济深派来的两股军队的堵截。其右路钱大钧部集结在会昌一带，其左路黄绍竑部八个团集结在于都周围。叶挺分析了敌我态势，从不多的兵力中抽出一个营，摆开要与黄绍竑决战的架势与其周旋，自己带上主力向会昌开进。31日，叶挺指挥部队与钱大钧部进行反复冲杀，二十五师占领了寨崇，二十四师攻上了会昌屏障岚山岭主峰。贺龙、朱德指挥的部队也向敌人猛烈攻击，使敌人全线溃败，起义军占领了会昌城。

起义军攻打下会昌，黄绍竑部向会昌开来。这时，会昌只留下十一军在休整。叶挺被迫仓促应战，在城北与敌激战数小时，不分胜负。叶挺把第二十五师师长周士第、党代表李硕勋找来，对他们说："仗不能再拖下去。我把一部分机枪集中起来，压住敌人的火力，你们率领全体官兵，听冲锋号一响就冲上去，用刺刀、手榴弹在半小时内解决战斗！"部队重新部署后，叶挺一声令下，军号齐鸣，机枪、步枪、手榴弹一齐打响，战士们在杀声震天中向敌人冲去，黄绍竑部丢盔卸甲，慌忙逃窜。

会昌战斗，敌众我寡。但叶挺刚毅果断，临危不乱，又一次显示了他的军事才干。刘伯承曾称赞说："我见过将领很多，没有谁像叶挺那样沉着、坚定。"

由于起义军没有与农民运动相结合，长途跋涉到达广东后，又在三河坝和潮汕两次分兵，以致主力进到揭阳汤坑地区后，被强大的敌人分路围攻，终于遭到失败。

起义军在汤坑失利后，叶挺和聂荣臻带着第二十四师向东撤退。当得知潮州、汕头都已失陷时，叶挺提出建议：部队不能撤往地域狭小、周围又有敌重兵把守的海陆丰去，而应开往福建，在敌人力量薄弱的闽西、闽粤边界休整，再图发展。由于当时情况紧急，而党中央已决定把武装人员转移至海陆丰，叶挺的主张未能实现。结果指挥机关和部队被打散，进入海陆丰的起义军余部编成的"红二师"，遭敌重兵"围剿"，苦战一年多，最后只得分散撤离东江。

叶挺独立团扩编的第二十五师在三河坝突围后，余部由朱德和陈毅率领，经过长途转战，于1928年4月与毛泽东领导的秋收起义部队会师于井冈山，成为中国工农红军第四军的重要组成部分。

叶挺与聂荣臻、杨石魂等陪同患重病的周恩来转移到沿海渔村，在当地党组织掩护下，搭乘一叶小舟潜往香港就医。

→ 广州再搏击

★★★★★

（31岁）

1927年12月10日午后，叶挺按照中共广东省委的安排，从香港秘密回到广州参加领导广州起义，挑起军事总指挥、苏维埃政府工农红军总司令的重担。

△ 广州起义胜利后成立的苏维埃政府旧址（原广东省会公安局内）

　　叶挺在省委常委杨殷、工人赤卫队总指挥周文雍的接应、引领下，找到起义军参谋长徐光英（后叛变），阅读了起义作战计划，全面了解敌我双方的实力情况以及省委设想的行动方案。接着来到禺山市场一间杂货店的二楼，会见了集合在那里的教导团长李云鹏及营长们，召集警卫团长梁秉枢、团指导员陈选甫、赤卫队联队长沈青、邓苏、李连，农军总指挥陈道舟等同志，开了个临阵磨枪的战前调查会。叶挺询问了起义队伍的思想情绪、武器装备，对进攻目标的侦察，以及战斗中相互呼应、伤员救护和后勤供应等情况。他边听边指点，再三强调周密侦察和因敌用兵是克敌制胜的关键。

　　11日凌晨2时，叶挺到第四军教导团驻地四标营出席了誓师大会。在张太雷、恽代英讲话后，恽代英把叶挺介绍给全体指战员："这是铁军叶挺，我们起义部队工农红军的总司令，现在请他给我们下达战斗命令。"
这时一片欢腾，在场的人几乎都在叶挺的指挥下，参加
过讨伐夏斗寅的战斗，这会儿听说他又当了总司令，顿
时胜利信心倍增。叶挺作了简短讲话。他说："反动派不
让我们革命，而且肆意屠杀我们，这是因为我们没有武装，
没有政权。这次起义要夺取武装，夺取政权。各营各连
的进攻目标，按作战计划不变，现在依路程远近，分途
前进。"

　　会后，叶挺率教导团的第五连和炮兵连，直奔沙河
燕塘攻下敌人的炮兵团，缴获了三十多门火炮和大批枪
支弹药。而后乘车到设在广东省公安局的起义总指挥部，
指挥起义军和赤卫队进攻观音山、石围塘车站和长堤第
四军留守处等敌人据点。

　　10 日夜，总指挥部开会研究军事形势，叶挺立足全

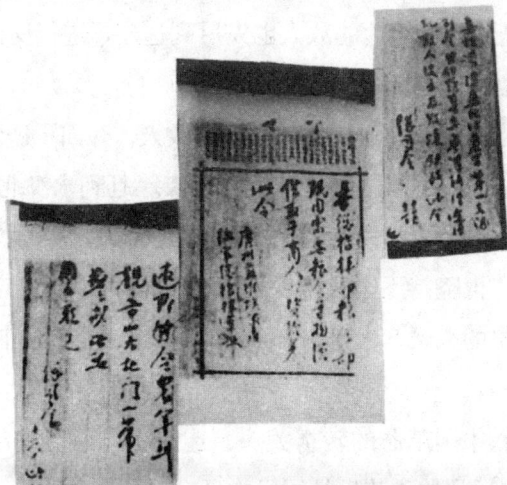

△ 广州起义时红军总指挥叶挺亲笔签署的三项手令

局，深谋远虑，提出了撤出广州的建议。他的理由是：暴动几小时内，攻下几十个据点，俘敌两千余人，成立了工农政府，竖起了苏维埃旗帜，已取得武装反抗国民党反动统治的重大胜利。当前，由于敌人已勾结帝国主义势力向我反扑，西江、东江、北江的敌人必定很快回师广州。为了避免四面受敌的危险，应当趁敌人大军来到之前，把缴获的大批武器武装参加暴动的工人，尽快组成几万人的队伍，明天就撤出广州，撤得越快越好。或向北与朱德领导的部队会合，或向东与海陆丰红二师会合，把革命力量保存下来，再作图谋。

叶挺的正确意见遭到共产国际代表诺伊曼的反对。他认为搞起义只能"进攻，进攻，再进攻"，决不能后退。他指责叶挺主张撤出广州是军事上的无能，政治上的动摇，是想当土匪流寇。张太雷是起义最高领导人，很有才华，但是，在军事斗争方面没有经验。他渴望苏维埃政权在广州站住脚，进而扭转全国的革命形势，因此也不同意撤退。这样，会议否决了叶挺的意见。

12日，珠江南岸的李福林部开始乘船渡江，向江北进犯。江门、佛山、肇庆、韶关等地的敌人也先后到达广州进行反扑。帝国主义军舰的水兵也纷纷登陆，向起义军射击。

叶挺指挥部队打退占领观音山的敌人，夺回了这个制高点。黄昏时分，敌人又攻占了观音山。叶挺和聂荣臻赶到永汉北路财政厅楼上，观察战斗情况，看到各路敌人已向市中心前进，敌我之间已展开巷战。他们觉得，再坚持下去只能增加无谓的牺牲，便决定立即组织部队撤退。撤出的人员，大部分转移到海陆丰，小部分转往北江和广西等地。

叶挺在中国革命的转折关头，连续参与领导南昌、广州两次起义，对于执行党的武装反抗国民党反动派的斗争方针，创建人民军队，作出了重大贡献。

重跨战马抗日寇

(1928-1940)

叶挺独立团北伐路线图

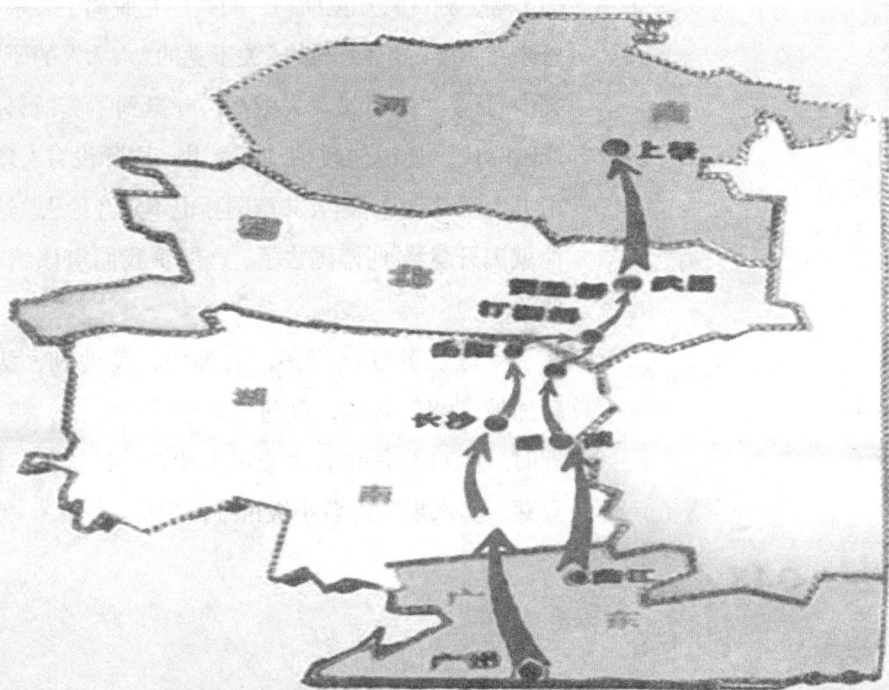

→ 十年漂泊

★★★★★

（32—41岁）

广州起义失败后，叶挺化装潜往香港。中共广东省委新任负责人偏听一部分人的错误意见，指责叶挺对起义"消极"、"动摇"，给予留党察看的处分。叶挺不同意这种不符合事实的责难，于1928年春到莫斯科，写出书面报告，提出申诉。但共产国际中国部负责人抱着对中国革命失败不满的成见，继续对叶挺施以冷遇。叶挺投诉无门，加上受到失败情绪的影响，独自离开莫斯科，同共产党脱离了关系。周恩来在1944年3月写的《关于党的"六大"的研究》，文中写道："广州起义失败后，叶挺到了莫斯科，共产国际代表还说他政治动摇。共产国际没有人理他，东方大学请他作报告,共产国际也不允许他去。这样，他就离开党跑到德国去了。这件事我们应该给叶挺伸冤。"

叶挺从苏联出走后，到德国、奥地利、法国、新加坡和澳门等地，度过了十年流亡生活。初到欧洲时，他对革命的前途悲观失望，精神忧郁，以生豆芽、卖水果和经营小饭馆维持生活。

1928 年冬，周恩来由苏联经欧洲回国时，找到叶挺，批评了叶挺的悲观情绪，对他说："我们总不能放弃革命不干啊！干革命，成功不必自我。"使叶挺受到很大教育。

　　在德国柏林，他与流亡在欧洲的国民党左派人士宋庆龄、邓演达等人，经常聚会讨论国内形势。毛泽东、朱德、彭德怀、黄公略等领导的红军和红军战争的发展，使他受到很大鼓舞。他发奋攻读军事著作，研究现代战争，探讨现代军事工程科学的发展，研究制作炸药和爆破技术，渴望回国参加革命斗争。

　　九·一八事变后，东北三省沦于敌手，全国掀起抗日热潮，叶挺决心回国参加抗日斗争，回到了澳门。蒋介石听到这个消息，指使陈诚等人拉叶挺到国民党去担任军职，叶挺以不抗日则不任职予以回绝。广东的陈济棠也派亲信副官带着厚礼，到澳门找叶挺，要他到广东任职。叶挺愤怒地说："你把这些东西带回去！告诉陈济

△ 叶挺留居德国时所照

△ 叶挺与夫人李秀文、次子叶正明在德国

棠，我叶挺回国是为了抗日，不是做官！"他常与受到蒋介石排斥、避居香港的国民党人士李济深、陈铭枢、黄琪翔等人讨论反蒋抗日问题。

　　1933年冬，十九路军将领蔡廷锴、蒋光鼐与国民党内李济深等反蒋势力，发动福建事变，成立抗日反蒋的"中华共和国人民革命政府"，叶挺应邀到福州表示支持。福建事变失败后，叶挺乘船又回到了澳门家中。这时，在上海主持抗日爱国组织"反帝民族解放大同盟"的宋庆龄，在香港建立分支机构。李济深在香港改组成立了"中华民族革命同盟"。叶挺每月都要过海到香港去两三次，参加两个"同盟"的反蒋抗日活动。

1936年5月，在长征途中奉命转赴苏联向共产国际报告工作的潘汉年，结束了在莫斯科的活动，回国复命时途经香港。他把共产国际有关中共应再次实现国共合作，建立抗日民族统一战线，共同抗击日本侵略的重大

△ 叶挺和夫人李秀文、长子叶正大、次子叶正明在澳门

战略转变意图，带到了香港。潘汉年找到了叶挺。他把中共将由推翻国民党统治到联合国民党抗日，改反蒋抗日为联蒋抗日的转变告诉叶挺，希望叶挺以在国民党军队中的影响力，促进这一目标早日实现，还希望他在两广和其他地方反蒋实力派中做些疏通工作，使他们也能适应这个转变。叶挺欣喜地接受了这个使命。

为此，叶挺在1936年夏天，偕同妻儿出游上海、苏州、杭州各地。叶挺此行，看望了国民党高级军官中的老朋友，就共同关心的抗日问题，作过倾心交谈。返回香港之后，又在11月间偕同中共华南工委书记宣侠父等人，到广西苍梧李济深的老家去过一次，向李济深和住在他家的一些著名反蒋人士，转达了党的抗日民族统一战线政策。

1937年春节过后，叶挺得到国民党内老朋友的帮助，举家迁往上海，住在静安寺路一座庭院式的小洋房里。叶挺在这段时间里，与国民党方面的陈诚、张发奎、黄琪翔等人，与我党在上海等地的一些干部经常交往，讨论团结抗日的问题。

7月间，周恩来赴庐山与蒋介石谈判，途经上海，他和叶挺见了一面。要谈的话很多，但周恩来时间很紧，只简短地告诉叶挺，当前他正和蒋介石谈判陕北红军部队的改编问题，待这一任务解决之后，改编南方八省红军游击队的问题，将会提上议程。他希望叶挺能够参加这支部队的改编工作。为此，周恩来示意叶挺可在适当的时候向陈诚、张发奎等表示一下自己愿意领导这支部队，借以取得他们的同情和支持，并通过他们争取蒋介石的同意。

经过一段时间酝酿，各方人士发表了意见，蒋介石决定委派叶挺出任新四军军长，国民政府军委会铨叙厅于1937年9月28日发表了叶挺任命的通报。

➡ 毛泽东、蒋介石接踵召见

　　1937 年 10 月下旬，叶挺应毛泽东邀请"叶挺来延安商谈"的电报，离开南京，途经武汉、西安，到达延安。

　　在延安，中共中央负责人毛泽东等同志，亲自迎接叶挺，为他设宴接风，多次进行广泛交谈，并陪他到抗大、党校等地参观。

　　叶挺对他在大革命失败之后走过的这段曲折道路，作了自我解剖。再次表示，拥护中国共产党的政治军事战略，接受中国共产党的直接领导。坦诚直率，溢于言表。毛泽东对叶挺在北伐战争和南昌、广州起义中建立的历史功绩，给予高度评价，对他充分理解党的路线政策和愿意合作抗日的坚定决心，表示热烈欢迎。他们的谈话是开诚布公的、真实恳切的。对于抗日战争的发展趋势，统一战线中的独立自主的原则，广泛开展游击战争，创造敌后根据地等重大问题，都有详尽的探讨，相互取得了充分的谅解和信任。他们谈了新四军的组建问题。毛泽东向叶挺提出，经过中共中央的郑重考虑，认为可

△ 1937年叶挺在武汉太和街26号成立了新四军筹备处，他联络各界人士，为组建新四军积极工作。图为叶挺在此期间与张发奎、郭沫若、陈铭枢、黄琪翔（从右至左）合影。

争取将新四军的编制定为两师四旅八团。其具体设想是：以闽浙两省及皖南的红军游击队编为一个师；领导人选可由叶挺担任军长，项英担任副军长，周子昆担任参谋长；陈毅担任第一师师长，张云逸担任副师长；张鼎丞担任第二师师长，谭震林担任副师长。叶挺对这个方案表示赞成。同时提出，请党中央多派一些得力的干部，加强新四军的工作。毛泽东希望叶挺能以我党的这个设想，向蒋介石本人和国民党军委会方面多做争取工作。叶挺表示他一定按照毛泽东的要求，尽力去做。

交谈结束后，由毛泽东亲自主持，在抗大礼堂举行了欢迎大会，正式宣布了叶挺担任新四军军长。毛泽东在会上致辞说："我们今天为什么欢迎叶挺将军呢? 因为他是大革命时代的北伐名将，因为他愿意担任我们的新四军军长，因为他赞成我党的抗日民族统一战线的政策，所以我们欢迎他。"叶挺也应邀讲话。他激动地说："同志们欢迎我，实在不敢当。革命好比爬山，许多同志不怕山高，不怕路难，一直向上走。我有一段是爬到半山腰又折回去了，现在跟了上来。今后一定遵照党所指示的道路走，在党中央的领导下，坚决抗战到底。"

叶挺在这里，又以"爬山折回去"和"又跟上来"

△ 1939年，叶挺所题"抗战到底"的手迹。

△ 1937年11月3日，叶挺前往延安，向党中央请示关于组建新四军等问题，毛泽东、周恩来、朱德等亲自为他主持召开了欢迎大会。

这个生动比喻，再一次公开地表示了他对过去一段时间消极彷徨的悔恨，和对今后不怕山高路难，坚持抗战到底的决心。他的这个"折回去"又"跟上来"的故事，以后在新四军部队中不知又讲过多少次，广大指战员都把他这种毫不文过饰非、光明磊落的态度，视为高尚风范，为之肃然起敬。

叶挺于11月9日离开延安，返回武汉。稍后又转赴南京。

11月21日，经过叶挺的预先请求，蒋介石召见了他。同时被召去的，还有参与新四军改编工作的八路军参谋长叶剑英。

叶挺向蒋介石讲解中共中央关于新四军拟编两师、四旅、八团，以及拟请委任的师以上干部名单的建议。

同时，也提出了请指定浙江西部的衢州附近或其他地方为集合地点，请发集合开拔费和整理费 18 万元。

叶挺有条不紊地陈述着，蒋介石圆睁两眼地听着，最后板着面孔对叶挺说："你是我们政府正式任命的军长，这点你应当明白。关于中共南方游击队，不能照八路军的办法办，延安提出的干部名单我不能同意；八路军拒绝点验，南方游击队必须派人点验，按枪的多少决定编制；不能先由共产党委任师长、旅长；他们都是共产党，你叶挺不是共产党，将来你有生命危险。"

叶挺很想反驳，但还是忍住了。只是说了一句："现在大敌当前，改编部队上前线作战要紧，其他人事问题容易解决。"

蒋介石一听就觉得这是对自己的软顶，很不高兴地大声说："这不行！这些游击队能不能开到前线去，还是问题，我估计他们是不会调开的。"

叶挺针锋相对但又婉转地说："改编游击队，增加抗日力量，对安定后方也有好处。"

蒋介石显得不耐烦了，凶相毕露地说："如果他们再敢扰乱后方，便是破坏抗战，我要剿的，你们决不能留在后方。"

蒋介石对叶挺请拨新四军经费也不答应，叶挺再也按捺不住了，当即表示，没有军费，无法改编部队，他当不了这个军长，要求辞职。蒋介石也有欺软怕硬的一面。因为他心里明白，除了叶挺以外，他再也拿不出一个可使共产党也能接受的新四军军长人选。忙说你的军长还要当，有什么事可以找陈诚商量商量。

老蒋惯于把他自己弄僵的事派给亲信陈诚，让他帮忙解决，何况陈诚又是叶挺的同学，二人关系还不错，他便放心地让陈诚去处理了。

→ 铁流汇皖南

1937 年 12 月初，叶挺离开南京到汉口，住进太和街 26 号。接着，项英与延安派出的新四军参谋处长赖传珠、副参谋长周子昆率领的两批军政干部，也先后到达汉口。叶挺和项英即组建军部的司、政、后各部门，启用国民政府军事委员会发给的新四军的关防，开展各方面的交涉联络工作。

叶挺通过给陈诚和顾祝同写信，以及在武汉和到屯溪跟他们面谈，敦促他们帮助解决新四军的编制、经费、干部任命问题。再加上周恩来等人的多方活动，据理力争，项英等人的任职命令终于获准了，经费也由六万多元增加到九万元。

那一阵子，叶挺为了扩充新四军的力量，不遗余力地进行频繁奔走。只要见到国民党方面他所熟悉而又有权有势的军政要人，他就毫不客气地开口讨要；只要见到有志于抗日救国而又有一技之长的老部下、老相识，他就毫不犹豫地劝说他们跟随自己，参加新四军去。

由于国共合作抗日局面的形成，社会各界人士均积极参加抗日民族统一战线。流亡日本十年的郭沫若，在七七事变后回国参加抗战。他经广州来到武汉，叶挺高兴地邀请郭沫若夫妇到新四军筹备处来住。两个老战友久别重逢，畅谈为抗日救国多做贡献的抱负。叶挺特意请郭沫若写个条幅。郭沫若问写什么内容，叶挺说想写《论语·子罕篇》中的"三军可夺帅也，匹夫不可夺志也"。郭沫若一听，连声叫"好"！赞扬叶挺想用这两句话表达在未来的抗日战争中，不管遇到什么危险和困难，始终保持坚定不移的革命意志的决心，真是最合适不过了。说罢，郭沫若把原句改动了两个字，提笔悬肘，一气呵成，写下了"三军可夺帅，匹夫不可夺志"这十一个大字。叶挺爱不释手，即刻请人精心裱糊，挂在自己居室里。以后走到哪里挂到哪里，及至进了上饶

△ 周恩来在云岭新四军军部期间与叶挺、项英（左）合影

集中营，条幅失落了，他还把这两句话刻在墙壁上，当做座右铭。

1938年2月9日，叶挺离开汉口，前往南昌军部。他和项英一起主持一系列军政会议，讨论红军游击部队集结行动和补充整训的问题，指挥南方八省游击健儿走出大江南北深山老林，组成数十支铁流，汇聚成为强大的队伍，向皖南开进。

3月18日，叶挺第二次偕同一部分先遣人员离开南昌，赴屯溪解决部队集中的有关问题。然后转赴屯溪以北50公里处的新四军部队集中地歙县岩寺镇，对部队到达后的驻地、给养保障等事项，进行检查布置。21日，

△ 1938年1月，叶挺（右三）和副军长项英（右二）、参谋长张云逸（左二）、副参谋长周子昆（左一）、新四军南昌办事处主任曾山（右一）在汉口合影。

△ 叶挺（右一）与新四军部分高级干部合影

叶挺致电南昌，命令军政机关尽快移驻前方。从 22 日至 4 月 4 日，军部机关全部南迁，集中到岩寺安排就绪。

3 月下旬，江南十一个地区的游击部队陆续到达皖南岩寺地区。叶挺和项英、张云逸、周子昆、邓子恢等领导人陆续汇集军部，对各路红军游击队进行整编。经过一个多月的紧张工作，完成了整编任务，全军编为四支队共九个团。遵照中共中央的指示，各部队陆续挺进苏南、皖南长江沿线和皖中舒城地区，开展游击战争，创建敌后抗日根据地。从当年 6 月到年底，这些新编成的队伍对敌作战二百余次，给敌人以重大打击，开辟了大江南北敌后抗日的新战场。

广州、武汉失陷以后，日军对国民党顽固派进行诱

△ 周恩来在云岭新四军军部期间，与新四军部分干部合影。前排从左至右：陈毅（一支队司令员）、粟裕（二支队副司令员）、傅秋涛（一支队副司令员）、周恩来、朱克靖（政治部顾问）、叶挺。

降，集中主要力量对新四军进行"扫荡"。在敌伪顽相互勾结、联合进攻新四军的严重形势下，叶挺主张无条件执行中共中央继续深入敌后、在斗争中求得发展的方针，而项英却执行王明的右倾主张，对挺进敌后持消极态度，一心想着向南发展。1939年2月下旬，周恩来代表党中央到皖南敦促项英贯彻党中央的指示，商定新四军的战略任务是：向南巩固，向东进攻，向北发展。叶挺为了执行这一战略方针，于4月下旬同邓子恢、罗炳辉、赖传珠等人，穿越日军封锁线，北渡长江，主持成立新四军江北指挥部，将四支队扩编为第四、第五两个支队，分途开赴皖东敌后，建立津浦路西和路东游击根据地。同时沟通与皖西北的彭雪枫游击支队的联系,筹划将其编为第六支队。叶挺此行,为贯彻中共中央制订的新四军向北发展的战略方针打开了新局面。

纵论现代战争与建军之道

★★★★★ （43岁）

1939年3月18日,叶挺在新四军第二届参谋工作会议上作了题为《现代战争的性质特点与指挥》的演讲。

叶挺在演讲的开头说:"我们今天的第二届参谋会议的中心任务,是使我们新四军能够进一步的正规化,很快成为一个正规部队。"他围绕根据现代战争特点加强新四军建设的主题,进行了广泛而精辟的论述。他从四个方面论述现代战争的特点:

第一个特点:"是战争与物质（武器）的关系"。现代战争是资本主义高度发展的帝国主义时代的战争。由于科学技术发达,战争已发展到使用各种高度机械化武器的程度。对现代化武器不用害怕,但我们不应忽视它。"我们不能够拿'精神重于物质'这句话作广泛范围的解释,否则我们将来有变成义

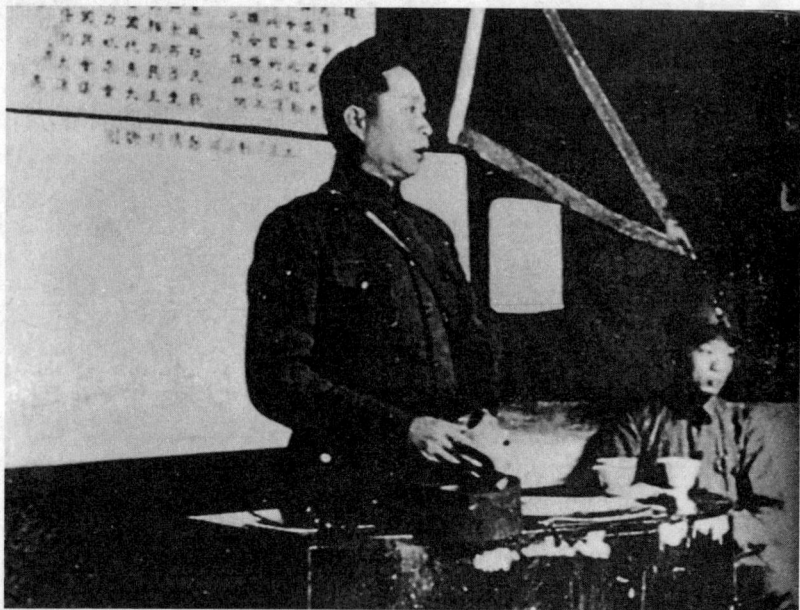

△ 叶挺在会上作报告的情景

和团思想的危险。"我们有政治工作,可以战胜物质困难,这固然很重要。但在某种程度上,我们离不开物质条件。所以我们部队建设要求正规化,也要求趋向近代化和机械化。"

第二个特点:战争的世界性。在国与国之间经济关系密切、经济互相牵连的世界范围内,一旦发生战争,各国都受到影响。我国有四亿人口。"如果我们抗战胜利,当然全世界五分之一的人口得到解放,这样不管在东方、西方的帝国主义,都会影响到他们身上来。"

第三个特点:参加战争的社会阶层的广泛性。在现代资本主义发达的时代,整个社会经济组织非常严密,仗打起来把全体人员都动员到战争里面去。日本把整个社会的人力、物力、财力，都投入到侵略战争中去。这是帝国主义的"全民战争"。"在我们中国方面，当然更要要求全民战争，要使全国各个阶级的人民，都能够参加这个战争"。还要争取日本人民起来反对侵略战争。

第四个特点：战争空间的广泛性。由于高科技武器的广泛使用，前方后方、天上地下、海上海底都成为战场，出现了所谓的"立体战争"。"在这样广泛物质条件下，这样发达的科学技术底下，我们要把各种兵、各阵线配合得好，也就要有一个高度的组织性，而高度的组织性所涉及的范围，不仅是军事的，而且是整个社会的。"

他在讲了理论性问题以后，就以更大的篇幅联系实际讲述了中国军队的建设问题。他着重指出："我们的武装现在虽然还不适合于现代战争，不能够执行现代战争，但是我们确实抵抗了一个最现代化的具有最高度的军事技术的帝国主义。""这样我们武装力量的素质，就赶不上现代战争的要求，军事组织也赶不上现代战争的要求，社会动员也赶不上现代战争的要求。"以此为前提，他提出了中国军队当务之急，是建设健全的参谋组织和参谋工作。

叶挺指出："固然，在战争中，一个有经验的有天才的指挥者是需要的，但只有这一个条件是不够的，因为今天的战争是在这样一个广泛的范围中进行的，不是一个主将可以全盘了解和指挥到的。"他列举卢沟桥、上海、南京等战事作为例证，说明没有健全的参谋组织，没有强有力的参谋工作，必定发生指挥错误，招致惨重失败。

叶挺语重心长地对大家说："现在，我们要用作战的勇敢精神，来进行教育，不要自骄自大，以为打了许多年的游击战，已经很够了，不需要再学什么了。就是我们有以往的优良的游击战的传统，也还需要有不断的进步。""我们要求政治上进步。也要求军事上的进步。没有军事的胜利，当然不会有政治的胜利。这次参谋会议，使我们的缺点能够很好地改进、检讨，同时亦很好地加强我们的教育同训练。不是这样，我们的建军工作，是不能成功的。"

叶挺的这次讲话，论述很广泛，看得很深远。叶挺关于为打赢现代化装备优良的日军，部队建设要正规化，要往现代化和机械化方向发展的远见卓识，虽然受当时物力、财力等条件的限制，一时难以全面付诸实施。但从新四军组建始，叶挺就以这一思想的基本精神指导部队从实际出发，根据现有条件，并努力创造条件，在军事、政治、后勤等方面加强全面建设，使部队得以迅速提高抗击现代化日军的作战能力，成为华中抗日劲旅。

亲赴前线指挥杀敌

★★★★★

（44 岁）

1940 年 10 月上旬，江南的日本侵略军第一一四师团及第二十二师团，分别由宁沪杭铁路线上出动，向苏南、皖南地区大举窜犯。与此相呼应，驻皖南的日军也调集重兵，发动第二次"扫荡"。其中一支从繁昌、南陵出动的五千余人的步骑炮合成部队，在空军配合下，分兵两路拥入泾县，直指云岭，企图以优势兵力，一举消灭新四军领导机关。

敌军来势凶猛，情势异常紧张。叶挺、项英闻报后，立即召集有关人员研究对策。叶挺提议，鉴于敌军大队人马沿公路拥进，我军应在敌人前进路上预设纵深阵地，以层层堵截、伺机反击的积极防御战法，消耗、疲劳、战胜敌人。项英同意这个方案，并根据叶挺自己的意见，决定由他亲赴前线，全权指挥作战。

当时靠军部较近的作战部队，只有驻在云岭以北汀潭的第一团。汀潭距云岭八公里，正当敌人来路，是敌人进攻的必经之地。除此之外，就是只有二百多人的军直特务团第一营，还有只能称为准作战部队的随营学校——教导总队的千余学员。

叶挺全神贯注地指导着参谋处的工作。他要他们从速派人前往汀潭，督促第一团部队向前占领阵地，做好一切准备。还要他们派人前往茂林、中村调动援军，限定时间向北开进。直到有人来找他，他才离开参谋处，出去参加战斗动员大会。

军直机关部队誓师大会会场里，千余名教导总队、特务营和机关的干部战士们，已集合完毕，场内气氛肃穆。项英首先登台讲话。他讲了严重的敌情，要大家不要轻敌；讲了我军打败敌人的有利条件，要大家树立必胜信心。他号召全体指战员，在叶军长指挥下，与三战区部队密切配合，打一个大胜仗，为缓和国共两党两军的紧张关系，为改善皖南我军的困难处境，做出最大努力。

叶挺接着走上讲台。他以镇定而犀利的目光望着全场，操着浓重的客家乡音，先向全体与会者发了几问。

一问："今天开的是什么会？"引来一声"战斗动员大会"的回应，震得山摇地动；二问："我们开会做什么？"又引来一声"准备打鬼子"的回应，更加整齐雄壮；三问："打鬼子要流血牺牲，你们怕不怕？"再引来一声"不怕"的吼喊，有如石破天惊。

叶挺只用这几句节奏紧凑、话语简洁、富有鼓动力量的回答对话，便把蕴藏在人们心底的杀敌怒火点燃起来了。霎时间场内掀起一片议论声。叶挺略停一下，让大家说说话。然后高声提议："不怕死的举起手来！"随着叶挺的举手动作，千余只有力的手臂"刷"地一声举了起来，密密麻麻，一片擎天林似的。

"好！养兵千日，用在一时。现在是我们为人民流血牺牲的时候了，只要我们不怕死，就能打败敌人的进攻！"叶挺就此结束了他的讲话，总共只用了几分钟。

大会结束之后，叶挺偕同随行人员，驰马飞奔，赶赴前线。当他先后到达汀潭以北，戴家会、三里店以南我军预选战场时，第一团部队已在这两条敌军来路上占领了山隘、桥梁、陡坡、高地，修筑了许多工事。

叶挺亲自检查指点加修掩体，配置火力，特别强调要埋好地雷。他说："地雷威力大，威胁也大，它能帮助我们给敌人以致命打击。"两年前他回广东时，把教导队参谋刘奎等十人带到湖南，学到的那套工兵爆破技术，现在派上了用场。叶挺把刘奎等人称为爆破专家，让他们提前来到阵地，指导部队埋设地雷。

战斗开始之前，日军为了找一个集结出发地点，先从国民党三战区防地里，拿去了与我毗邻的三里店。三里店的驻军，是装备精良、兵强马壮的蒋介石嫡系第二十五师的一个营。该师平日里向我挤占地盘，无理扣押殴打我军人员，寻机挑衅，制造摩擦，神气活现，耀武扬威，显得很能干。

但日军一来，他们一枪不放，拔腿就跑，把三里店及其以东的马头镇等他们苦心经营的防地，拱手让了出去。这绝不是为了诱敌深入，寻找战机，而是赤裸裸地给敌人让路，好让他们快速前进，南下攻打新四军。

10月2日，日军先后从两个集结地戴家会、三里店出动南犯，我军迎头痛击，双方交战。这是一场敌人要快速前进，我军不许其顺利通过的激烈对抗。

趾高气扬的日军，企图凭借其飞机大炮和精锐步骑兵的优势，迅速攻击前进，攻破我皖南驻地北部的汀潭防线，深入我区腹地，直扑我军云岭总部，求得速战速决。我军则利用戴家会、三里店以南、汀潭以北的起伏山地，据险设伏，节节抵抗，迟滞其前进速度，杀伤其有生力量。

从10月2日到7日，我军沿着戴家会—汀潭和三里店—汀潭两条山间公路，在龙洋岗、凤凰山、台山、大小岭、巨坑、蜈蚣山、田方、草鞋店、左坑等险要地段上，以轻便小分队，日以继夜地阻击、袭扰敌人，使其装备、兵力上的优势无法发挥出来。不到二十华里的路程，敌人整整走了六天六夜。

7日傍晚，敌人以飞机大炮为先导，鼓足气力冲进了我军主动让出的汀潭，已是伤亡惨重，疲劳不堪。敌人进入汀潭，算是他们进攻的唯一"赫赫战果"。但他们在汀潭只待了几个小时，到8日凌晨，叶挺组织来自中村、茂林的增援部队，发动猛烈反击，又把敌人打了出去。

敌人在宿营状态中，遭我生力军突然打击，自知距云岭虽只有七公里，但可望而不可即，便在仓促应战中且战且走，退出汀潭，转头向东，退往青弋江西岸的泾县县城。

距此十公里的泾县县城，也是友军第五十二师的驻地。该地友军看到进攻我军的日本人向他们这边退过来了，赶忙按照三里店的先例，连夜向城外搬家，把整座县城又让了出去。

叶挺一向注重在追击战中扩大战果。他眼看敌人支撑不住败逃了，立即命令部队猛追。我军尾随敌人追到泾县南门和西门，叶挺下达命令，发起攻城。这一场易地再打的彻夜苦战，一口气打到9日早晨。敌人恼羞成怒，调来十几架飞机狂轰滥炸，又在城内外到处放火，烧毁十几间驰名中外的泾县宣纸厂。

叶挺的指挥所靠近前沿，是敌机敌炮的攻击重点。但不管敌机怎样临空肆虐，处境多么危险，他仍然聚精会神地关注着前沿的战斗，脸不变色心不跳。当他的一个警卫员为了让他避开敌机的轰炸，把他拉出指挥所，指挥所的房子跟着被炸弹震塌，他的双腿也被炸弹掀起的泥土埋住的时候，他竟然还把照相机对着俯冲的敌机，说是要把东方强盗的狰狞面目拍摄下来。

日军在这次"扫荡"后的一份报告中哀叹："本次作战其设想庞大，虽恰如构成围歼敌人的形状，但因广泛地区只以少数兵力作战，不能取得战果，反而使十五师团在泾县附近被优势敌军牵制，其结果却为敌人提供了包围以及消灭日军的宣传材料。"这又反证了叶挺在这次战役中用兵的巧妙果断。

日军这次"扫荡"，历时八昼夜。9日天亮以后，敌人又在南门一带纵火作为掩护，奔出北门，向东北方向逃跑了。那边还是友军第五十二师占据的地盘，距离该师早已让出的马头镇，只有几公里。

叶挺率部进入硝烟弥漫的泾县城内，立即组织部队灭火救灾，维护地方治安，救护受难群众。为了等待逃跑的国民党军回来，好向他们移交城防，也为了帮助群众修复被战火毁坏了的住房，以解燃眉之急，我军在城里住了两天，为老百姓做了许多好事。

这期间当地人民为我军举行了一次祝捷慰劳大会。许多群众在街边门前焚香上供，为他们称之为"救苦救难菩萨军"的新四军祷告祝福。

在叶挺率部收复泾县的同时，周子昆副参谋长指挥的另一部分部队，在汀潭东北阻击来自三里店的另一路日军，经过数日苦战，敌军不支向南陵溃退，我军乘胜进攻南陵，也在9日占领该城。

对于新四军在大江南北，浴血奋战，所取得的这两次反摩擦和反"扫荡"的胜利，国民党顽固派恨得要命，怕得要死。避战归来的第五十二师部队和国民党官员们，对于新四军几经苦战，赶走日军，收复泾县，不但未作一句评论，反而一见面就很不友好地催促新四军办理移交手续，限时退出城防，返回自己驻地。

叶挺很鄙视第五十二师的消极避战和借刀杀人的行为，对于他们不讲起码的礼仪，竟然向劳苦功高的新四军下逐客令，更是义愤填膺。

10月12日，叶挺率部凯旋归来，云岭群众敲锣打鼓列队出迎，摆下酒筵为他们洗尘时，他的气还没有消完。他在即席讲话中既赞扬了参战部队实现战前誓言，打了一个长我志气、灭敌威风的胜仗；也谴责了国民党第五十二师要弄阴谋手段，无心抗日，有意反共的卑劣行径。

叶挺回到云岭的第二天，经过与项英等同志一起商量之后，由他亲自执笔，把泾县战役击败敌人取得胜利的经过，写了一个作战报告，由他和项英两人签署，经由上饶的三战区顾祝同，转报给重庆的蒋介石。

讨论写这个电报的时候，叶挺、项英都知道，蒋介石对于这次日军"扫荡"没能消灭新四军的领导机关，第五十二师奉命给日军帮忙也没能帮上这个结果，是不会满意的，因而对这个报告新四军胜利的电报也不会有兴趣。但他们又认为，报告还是要写，还是要按照习惯做法，办好例行公事。

这当然也是一种斗争策略，"将"蒋介石一"军"。看看敌人来了，你的亲信部队跑了，新四军把敌人打败了，你作何评论？对于反共顽固派蒋介石，有时就要用这种办法，以攻为守，加以对付。果然电报发出之后，很快收到了蒋介石的回电。他尽管又气又恨，还是照旧沿用过去数十次奖励新四军的惯例，又一次违心地下达命令，给予叶挺部队"传令嘉奖"。

千古奇冤

(1940—1946)

→ 反共屠刀杀向皖南

蒋介石对叶挺嘉奖，完全是一种官样文章，既没有什么实际价值，也不表明实质情况。实际的情况是暗藏杀机。

1940 年 10 月 19 日（皓日），也就是蒋介石"传令嘉奖"叶挺指挥的泾县大捷几天之后，他又签发了内容与此截然相反的另一个电报。这就是以国民党军委会正副参谋总长何应钦、白崇禧的名义，发给十八集团军总司令朱德、副总司令彭德怀、新四军军长叶挺的，成为第二次反共高潮信号的那个"皓电"。

几天以前的"嘉奖电"，称赞新四军打了胜仗；几天以后的这个"皓电"，诬蔑八路军、新四军"破坏团结，破坏抗战"。几天前的那个电报鼓励新四军继续战斗，保卫皖南；几天后的这个电报，强令包括皖南新四军在内的黄河以南八路军、新四军，限于一个月内，全部开到黄河以北。简直是要把整个八路军、新四军，包括刚刚受到嘉奖的抗敌有功的叶挺部队一口吞掉了。

11月9日（佳日），朱德、彭德怀、叶挺、项英联合署名发给何应钦、白崇禧"佳电"，表达中共对"皓电"的公开答复。

"佳电"本着"采取缓和态度，以期延缓反共战争爆发时间"的方针，把中共作出的"皖南方面，决定让步，答应北移"的决定，正式通知了国民党。

1941年1月4日晚，皖南新四军在叶挺、项英、袁国平、周子昆等率领下，在难耐的凄风苦雨和离愁别情中，告别了相处三年、患难与共的驻地人民群众，踏上北移征途。

6日，新四军军部和所率部队九千余人，南进到茂林地区，遭到国民党顽固派八万余人的包围。在这里，顾祝同和上官云相部署了他们从苏南调来的素称装备最好、战斗力最强的第四十师，和仅次于第四十师的、也是蒋介石嫡系主力部队的第五十二师。

7日凌晨4时，担任前卫任务的二纵老三团第三营分两路前进，刚刚到达靠近巫岭的纸棚村，便遭到顽第四十师前哨部队的迎面阻拦。皖南事变的第一枪就此打响。

叶挺待不住了。按照他以往指挥作战的习惯，像现在这样的情况，总是要亲自实地观察，就近实行指挥。他向项英打个招呼，便骑快马赶去。

叶挺赶到前线，一边用望远镜观察顽军占据的星潭镇和火力支撑点，以及我老三团、新三团一些部队的前后位置和周围环境；一边听作战参谋叶超讲述我军在差不多两个小时里，虽经全力突击，仍未打得过去的详细情形。叶挺说："蒋介石答应要对我军北移给予'沿途保护'，顾祝同也说要用他的'人格'担保我军安全北移。现在，血淋淋的事实把他们的一切谎言戳穿了！"

叶挺思索了一会儿，对身边的副参谋长周子昆和叶超说："现在我们是处在敌人的包围之中，出路就是突围，坚决攻下星潭打出去！

打出去虽然很难，但只要把教导总队或第五团调上来，集中兵力火器，不惜代价进行突击，总会成功的。"接着，他指派一个随行的骑兵通信员，向他口授命令，要求他立即折回丕岭，把后卫第五团调到前面来。

叶挺返回军部途中，迎面碰到了奉命赶来的第五团前卫第二营。叶挺看到部队来得这样快，高兴地对营长陈仁洪和副营长马长炎说："你们准备在星潭附近强渡微水河，迂回东岸敌人侧后，先支援新三团正面进攻西岸星潭，再护卫全军渡河向东前进。"又交代他们先作好准备，待军分会开会决定后，即可行动。

△ 皖南事变发生后，周恩来在重庆代表中共中央向国民党当局提出严重抗议，并在1月18日《新华日报》发表了"为江南死国难者志哀"。"千古奇冤，江南一叶，同室操戈，相煎何急！？"这是刊载周恩来题词的《新华日报》。

叶挺一行回到军部，由项英主持，军部领导同志，中共东南局副书记、军分会委员饶漱石，二纵负责人和参谋处等有关人员参加，举行了紧急会议。

会上，叶挺和多数同志都主张坚决攻下星潭打出去。可是项英不肯认同，不予采纳。反复讨论了好久，使得这个为解决部队下一步行动而召开的紧急会议，既不紧也不急，从下午3点一直开到夜间10点，竟然用了七个小时，只讨论一个打不打星潭的问题，仍然得不出结论。

叶挺想到这么长时间把部队丢下不管，没有下达任何指示。气愤地说："时间就是胜利。不能总是犹豫不定，总是没有决心。现在请项副军长作决定吧，你决定怎么办就怎么办。"项英见叶挺发了脾气，才把他的底牌亮出来说，他主张不打星潭，部队撤往巫岭以西，转向西南前进，从高岭方向突围，准备出太平。项英这一错误决定，挫伤了指战员们的士气，打乱了北移行动的部署，丧失了时机，给新四军带来了不堪设想的后果。

8日，军部向南行动。但是，第五团在高岭受到顽军第七十九师的阻击，由高岭出不去，只好返回，向茂林方向打出一条血路，仍由铜陵、繁昌北渡。此时，蒋介石下达了"一网打尽，生擒叶项"的密令，顽军采用前堵后追、两翼夹击的战术，对新四军的包围越来越紧。项英束手无策，带着几个干部和随从人员不辞而别，离开军部走了。在这严重情况下，叶挺独自指挥部队作战，力挽狂澜。他看到中共中央发来的要求全军服从叶（挺）饶（漱石）指挥，用游击方式到达苏南的电报，悲愤地表示："党中央和毛主席是信任我们的。为了国共团结，民族生存，我一定要尽力挽救这一民族危机，赴汤蹈火，在所不辞！"

9日晨，叶挺决定把教导总队派出去，增援一线部队。他对集合起来的指战员作了战斗动员："现在已经到了我们为革命献身的紧要关头，每个人都应该准备流尽最后一滴血。即使我们今天在这里牺牲了，也会在中国革命史上留下光荣一页。如果我叶挺，临阵脱逃，枪在你们手上，你们应该把我枪毙！"同志们听了叶挺感人至深的讲话，情绪高昂，高呼着"北伐名将叶挺在此，胜利属于我们"的口号奔向前线，投入战斗。

10日拂晓，叶挺率领部队转移到石井坑。连日来，部队打退顽军多次进攻，指战员疲惫至极。叶挺作了三条指示：第一，第五团占领石井坑以西的东流山主峰和东流山各个高地，掩护部队集结休息；第二，通知各单位，就地收容失散人员，酌情编组，加以整顿；第三，通知政治部协同后勤部，向当地群众商购一部分粮食和牛羊猪，让部队吃一顿饱饭，恢复体力。经过一天的收集，重新集中了近五千人。按照叶挺的指示，购粮买肉，忍痛杀了一些包括叶挺自己坐骑的骡马，普遍吃了一顿饱饭。在部队陷入重围和饥寒交迫的严峻时刻，叶挺采取的这些切合实际的措施，可谓及时有力，鼓舞了指战员的斗志。

11日，顽军发起第一次总攻击。以炮火为先导，对新四军阵地猛烈轰击，继而用步兵轮番冲锋。叶挺站在指挥所外的山坡上，用望远镜观察周围高地的作战情况。他叮嘱每一个来请示报告的干部，精心指挥部队，巧妙杀伤敌人，注意保存自己，固守主要阵地。他还向前来请示报告的每个下级指挥员庄严地表示："我的指挥位置就在这里。我的决心是与全军同志同生死，共存亡，打到最后一人一枪。"

12日，顽军又发动总攻。由于顽军集中强大炮火轰击，又轮番发起冲锋，新四军的阵地上，到处都是短兵相接的反复冲杀，直打得天昏地暗，血肉横飞。东流山的第五团阵地上打得异常激烈，在白刃格斗中，全团六名营级指挥员，两人牺牲，三人负伤，形势万分紧急。叶挺得悉情况后，立即把教导总队和工兵连的零散人员组建成一个连，派往东流山。这支援军不是靠雄厚的兵力，而是靠"援军已到"的声势，鼓舞着第五团奋勇抗争，打退了敌人，恢复了阵地。

13日，顽军发动第三次总攻，东流山制高点被敌攻占，新四军部队完全处于敌人火力控制之下。叶挺根据党中央关于分批突围的指示精神，下令向四面八方分散突围。他动员部队说："革命的烈火是永远扑不灭的，留得火种在，不怕不燎原。"这样，新四军在九昼夜浴血奋战之后，终因寡不敌众，除二千余人突出重围外，大部牺牲和被俘。叶挺按中共东南局副书记、军分会委员饶漱石的要求，下山与国民党军谈判，被国民党顽固派非法扣押。

→ **铁窗铮骨**

★★★★★
（45岁）

叶挺衔命下山与国民党军"谈判"，被第五十二师扣押，辗转经泾县第五十二师师部、宁国三十二集团军总司令部，被押到江西上饶第三战区司令长官部。反动派把叶挺送到上饶集中营七峰岩监狱一座庙堂，单独关押起来。

蒋介石干出消灭皖南新四军这样的大事，可谓

◁ 这是叶挺输送室: 重庆渣滓洞楼下第二号牢房

惊天动地。他抢先在 1 月 17 日以国民政府军委会的名义发了一道命令, 诬蔑新四军"叛变", 宣布取消该军番号, 将叶挺"革职"、"交军法审判", 妄图先声夺人。但是这个掩耳盗铃的把戏, 立即遭到中国共产党和国内外进步舆论的一致谴责。

毛泽东针对蒋介石这一反动命令, 于 1 月 20 日和 22 日发布命令和发表谈话。指出反动派发动皖南事变的目的在于全面破裂和彻底投降, 非有全国人民的紧急努力和国际外交的重大压力, 改变不了反动派的反共投降趋势。同时强烈要求恢复叶挺的自由, 继续充当新四军军长。在他复职之前, 暂由陈毅代理军长职务, 率领大江南北九万健儿抗战到底。

宋庆龄、何香凝等国民党左派代表也纷纷致电蒋介石，谴责反共内战，全力援救叶挺。国际反法西斯阵线一些英、美人士，担心日寇借国民党之手镇压中国的抗日运动，以便腾出手来向东南亚和太平洋的英、美军队进攻，因而都对蒋介石破坏中国抗日统一战线表示不满。

在国内外强大舆论的压力下，蒋介石没敢把他所说的将叶挺"交军法审判"付诸实行，而是采取了严格封锁消息的办法，把叶挺秘密地囚禁起来。

蒋介石对"北伐名将"叶挺的军事才干，一向很欣赏。长期以来，找机会收纳叶挺的打算，一直没放弃。

现在，叶挺在兵败之后落入了他的魔掌。他相信只要借此时机，把他征服众多军阀、政客的手段施展出来，折服叶挺是十拿九稳的。

在蒋介石的授意下，首先出面向叶挺劝降的是直接制造皖南流血事变的刽子手顾祝同。他把叶挺安排到上饶司令长官部所在地李村监禁。然后，在亲手指挥杀戮抗日将士而领了重赏的、与叶挺在保定军校有过同窗关系的另一个刽子手上官云相陪同下，请叶挺"赴宴"，席间"好言相劝"，要叶挺向蒋介石"归顺"。

他们先和叶挺叙旧，交谈友情，酒过三巡之后，才把老蒋的底牌亮出来。他们说蒋介石很器重叶挺，认为这次事变叶挺没有责任，希望叶挺能对这次事变说几句话，说明事变的起因在于共产党员项英没有服从统一的军令政令。

叶挺闻言，义愤填膺，断然拒绝。从个人关系上讲，叶挺在新四军的三年里，和项英相处共事不和谐。在这次事变中，项英错误也严重。但叶挺绝不同意反动派把他们蓄意制造这场血腥屠杀的责任转嫁给项英，因为这不是事实。他质问顾祝同："新四军是人民抗日军队，共产党是人民抗日党派，你们那么多装备精良的部队，为什么不上前线打日本，却专打艰苦抗战的新四军？我们按照你们指定的路线北撤，怎么是不服从军令？怎么又是'叛变'？你们做出袭击抗日军队这种亲痛仇快的事，又要把责任推到项英身上，也就是推到坚持抗战的共产党身上，岂不是伤天害理？"

顾祝同动之以情，"规劝"叶挺："希夷呀，你又不是共产党员，何必替人受过呢！委员长很关心你，只要你能声明一下事变的责任不在政府而在中共，便可以恢复你的自由，而以第三战区副司令长官一职相屈，我们合作抗日。"

"请你老兄把这一套收起来吧！"叶挺拍案叫道，"我替谁受过？共产党有什么过？当今是国家危难存亡之秋，我叶挺只想抗日，别无所求。你们反复无常，不顾国共合作一致抗日的诺言，陷害抗日的新四军，'合作抗日'怎么说得出口？"

顾祝同板起了面孔："希夷，你这样做，就不想一想后果么？"

"我早想过了。不是已经宣布我'叛变'、'革职'、'交军法审判'了么？我等待着公开的军法审判，我要求将事实的真相公诸全国，只要全国人民了解我叶挺，那么要杀要关皆由你们！"

顾祝同劝不动叶挺，只好将"宴请"停了下来，另打别的主意。

叶挺知道，断然拒绝蒋介石的要求，是触犯龙颜的大罪，"后果"十分严重。但也无非就是两条：一条是像他的好朋友邓演达那样被秘密处死；一条是像张学良、杨虎城两将军那样被长期监禁。

面对死亡和坐牢，叶挺表现出大无畏的英雄气概。他自幼崇拜南宋抗金战争中被奸臣陷害身亡的岳飞和南宋抗元战争中被俘就义的文天祥。他对于他们的爱国诗篇《满江红》和《正气歌》背诵如流，尤其喜欢文天祥的千古绝句："人生自古谁无死，留取丹心照汗青。"现在，他想着将生死置之度外的民族英雄，想着视死如归的抗日将士，提笔蘸墨走到斗室的窗前，在玻璃上写下"坐牢一个月，胜读十年书"。又在左侧的墙壁上写下"富贵不能淫，威武不能屈"。以此抒发他对国民党反动派本质的认识和愤慨，表达他坚不可摧的革命意志。

叶挺被囚禁在李村，百感交集。从1941年1月21日，也就是被扣押的第八天起，他开始写自述文章《囚语》，回顾自己早年思想性格的形成和参加革命以来的艰难历程，表达对皖南事变中战友牺牲的悲痛心情，以及自己宁死不屈的决心。

对于生与死，是叶挺被扣押后面临的最现实的问题。《囚语》写道：谈到生与死，就想到自己参加革命后经历的七次危难。1922年，陈炯明叛军攻破总统府后，他遭叛兵追杀，被迫爬上屋顶，越过数十栋房屋才得以逃脱，这是第一次。数日后，他登上军舰晋见孙中山，后受叛徒监视，拟绑缚献给陈炯明以邀功，幸得水兵和一位英国人的救助逃往沙面转赴香港，这是第二次。不久又奉孙中山之命，潜往高州山区编集绿林武装，举兵讨伐陈炯明，事败后又逃回香港，这是第三次。1927年秋，南昌起义军兵败潮汕，他与聂荣臻等人陪伴生病的周恩来，乘渔船逃往香港，这是第四次。同年冬，广州起义失败，他和妹妹扮作难民逃到香港，几为港英警察所扣留，这是第五次。后潜往日本东京，屡受日本警察追查，在开赴苏联的轮船上，又遭便衣侦探盘问四个钟头，几为所扣，这是第六次。这次皖南事变，该是第七次了。

《囚语》记述了妻子在他开始写此文的那天发来的电报，嘱他应该为六七个儿女（第七个尚在胎中）珍重自惜。叶挺感叹道：爱妻儿女的私情固然深铫着我的心，但我又哪能因此忘了我的责任和天良及所处的无可奈何的境遇呢？我固不愿枉死，但责任及环境要求我死，则我又何惜此命耶？他回复一电：

电悉，军人天职、人格重于生命。处于无可奈何之境，听天由命可也。尔可在家为我祈祷，切勿赴渝奔走及来电询问，于事无补。孙曲人谅可脱险，任光夫妇受重伤，谅无救。希（廿日）。

叶挺之所以"不惜此命"，是因为他从少年起就逐步养成为正义宁折不弯的倔强性格。他在《囚语》中写道："吾在乡，幼年甚爱读《前后出师表》、《正气歌》、苏武《致李陵书》及秋瑾和赵声等人的诗，感动至涕，造成一个悲剧角色的性格。十三岁时，曾手抄邹容的《革命先锋》（应为《革命军》——本书作者注）、陈天华的《猛回头》……等书，养成一种对社会反抗的性格。此时约当宣统二三年，我私自把辫子剪去，受吾母痛骂一顿，我亦大哭一顿，但未遵母命留回去。""我幼年性格倔强，一直至成人没有改变。"应该说，正是中华民族这种传统的舍生取义的生死观，铸就了叶挺无私无畏、宁死不屈的性格。

在狱中，叶挺十分怀念战友。在《囚语》中，他对著名音乐家任光夫妇和新闻工作者黄源等人殒命（黄源牺牲系误传——本书作者注），表示极其悲痛的哀悼，认为是自己未尽关照保护之责，"心痛如割"、"惭感无已"；对旅泰国华侨爱国青年、担任新四军对敌工作的陈子谷被俘禁锢，表示极大愤慨。

叶挺得悉被俘的新四军干部几百人，有的关在七峰岩，有的关在李村，有的还关在别的地方，经受着严刑拷打和百般凌辱。他为此痛心疾首，倍感内疚。在元宵灯节后的第二天夜里，他的悲愤心情再也忍不住了。在肃月寒光之下，他展纸研墨，秉笔疾书，将入狱之后深思熟虑所得凝聚起来，在八行纸上写一封致蒋介石的"一述其志"

的快邮代电。

司令长官并恳转呈委员长钧鉴：

挺部未能恪守军令，致酿成横决覆没之惨祸。挺上负国家，下负部属，虽百死不足以赎其罪。恳即明正刑典，以昭炯戒，幸甚，幸甚。兹尚有恳者：

一、请即遵钧令交军法审判，并在上饶组织军事法庭，立付判决，并以明令公布，以免周折迟延。

二、恳准判挺以死刑，而将所部被俘干部不问党籍何属，概予释放，复其自由。彼辈在此次意外行动中，概奉挺令而行，无责可言，且其党籍问题在挺部合法存在之日，不属违法。在事败被俘之后，假若横加追究，备受折磨，于法于理于情，均欠恰当。挺闻之，凡自爱其人格者，必能尊重他人之人格；凡宝贵自己之政治节操者，必能尊重他人之政治节操。螳臂当车，贤者过而式之。今委座方以尊重道义节操人格为天下倡，且执政党亦应以宽大为群伦楷模，则挺愿以一死为部曲赎命，谅不至斥为矫情钓誉，故作不情之念也。

三、或判挺以无期徒刑，并准所部少数高级干部伴随禁锢，其余概行释放，则挺多年所抱而未能实现之愿望，当借此而伸。挺少时深感隐遁山林，静读研习之乐，从此长隐于牢狱以研读终其残年，并从事于译述关于文学、军事书籍，于社会不无小补，妻儿亦可资为教养。

若准予前者，挺当从容引颈就戮，必无怨言；若准予后者，尚望明令宣判后移渝执行。因交通较便，书籍借措较易，而质疑问难亦较便也。

挺今日为未判决之囚，本不应有所申述，但因上峰之周全，友朋之爱护，纷谋代为法外求宥，私衷感激，更因此令其陷于痛苦之深渊，故不得不一述其志。古人云："人之将死，其言也善。"盖惟绝无自私观念之人，始能说真话。委座信仰上帝，挺愿以耶稣之名，保证所言之真诚无伪。委座对国策曾宣示以不变应万变，窃念个人之操守，亦有至死不可变者在。韩文公云：无入而不自得乐天知命者，固前修之所以御外物者也。胡林翼公云：近年来官长之所少者才略，而尤少者真性情也。挺不愿苟且偷生，以玷前修，愿保其真情而入地狱。幸垂谅焉。临电泰然，心地光明。

罪囚叶挺敬叩

卅年二月十二日

叶挺的这封信，针对蒋介石这个身居高位、阴险残忍的具体对象，既坚持了原则立场，又运用了灵活策略，写得周详具体，表现了很高的斗争艺术。

信中提出的"恳准判挺以死刑"，"而将所部被俘干部"、"概予释放"；"或判挺以无期徒刑，并准所部少数高级干部伴随禁锢，其余概行释放"，是叶挺被扣以后，考虑得最多的一桩心事。使他最感痛苦的，莫过于为数众多的新四军干部和战士无端蒙冤，被投入黑狱。他觉得自己作为军长，有愧于部属。沉重的负疚之感，促使他多次向顾祝同表示自己"愿以一死为部曲赎命"。现在，他又把这个衷心愿望，直接报告给了蒋介石。这也是他又一次向反动派申明大义，表明他绝不会按蒋介石的要求发表反共声明；就是死了，或者就是终生坐牢，也不能干那种卑躬屈膝的事。

叶挺向蒋介石宣告，他的"个人之操守"，"至死不可变"，他宁愿"保其真情而入地狱"，而"不愿苟且偷生"。这些发自肺腑、掷地有声的铮铮之言，活画出了他那宁折不弯、顶天立地的伟大人格和光辉形象。

叶挺把这封信交给一个宪兵排长，请他火速转送顾祝同。

顾祝同每次劝降都遭到叶挺的驳斥和奚落，弄得他理亏心虚，窘态百出，早已感到无能为力。这次看了叶挺写给蒋介石的这封使他毛骨悚然的信，干脆死了那条心，再也没敢找叶挺。

→ 舌战蒋介石

★★★★★   （45—46岁）

7月里的一个早晨，一大群特务、宪兵拥进叶挺的囚室，向他宣布："委员长请军长到重庆去，现在就走。"说是送叶挺去重庆，实际上走到桂林就停了下来，把他移交给军统局桂林办事处，关进了七星岩的一个山洞。

叶挺准备长期坐牢。他让看管特务帮他买了一只奶羊。每天牵着这只羊出去放牧，挤羊奶补充营养。此时此地，他想起了汉朝苏武牧羊的故事。他摸着自己被扣押后从未理过的、已经斑白的齐胸须发，觉得真有点儿像苏武呢。

蒋介石整治叶挺是有既定步骤的，他让叶挺尝一尝住岩洞的滋味，五个月以后，又传下命令：解叶挺到重庆。

1942 年 1 月 3 日，叶挺在军统特务的挟持下，搭乘民航班机，由桂林到达重庆。这边负责看管叶挺的军统局总务处长沈醉和特务团长杨清植，奉军统局长、特务头子戴笠的命令，带了二十多名小特务到珊瑚坝机场，把叶挺押送进林森路望龙门 22 号洋房。

过了两天，沈醉带来理发师和新衣服，一定要叶挺理发、修面、换衣服，改变一下精神面貌。叶挺说："我的须发已蓄了一年，不获无条件释放决不修理。"沈醉着急地把戴笠交给他的底牌亮出来说："军长你不知道，委员长和陈诚长官可能要见你。"叶挺说："我不会为了见什么人而修理须发的。"

又过了几天，陈诚果真来了。叶挺和陈诚是保定军校的同学。十几年来，叶挺经历了南昌、广州两次武装起义，十年漂泊流亡和皖南事变的种种失败挫折；陈诚却在蒋介石的反革命事业中，以其是老蒋的同乡、能为老蒋卖命和善于在倾轧角逐中扩充自己的势力而发迹起来，成了蒋介石的左右手。陈诚现在的职务是第六战区司令长官兼湖北省主席。

陈诚神气活现地走进叶挺的住房，免不了一阵"久违"、"想念"地先打招呼，然后拣那些"昔日同舟共济"的"难忘往事"絮絮叨叨，说了几大车。陈诚绕了一个老大不小的圈子，才书归正传，请叶挺出去"做事"，或者"暂时屈就第六战区副司令长官"，或者挂个"高参"名义，长期休养，任凭叶挺选择。

一说到这个，叶挺就抑制不住自己的感情了。他问陈诚，蒋介石到底有什么理由袭击新四军? 为什么要捏造"叛变"的罪名把他和新四军指战员镣铐加身,投入监狱? 在民族国家生死存亡的关头,做出这种仅仅有利于日本侵略者的事情,又如何向炎黄子孙和文明历史作出交代?

陈诚目瞪口呆,无言以对。一味苦劝叶挺先把过去的事情放一放,而要多想想今后应该怎么办。

叶挺考虑到策略,使劲儿压了压胸中怒火,尽量做到心平气和。他请陈诚帮助无条件地释放新四军的被俘人员,至于他自己,则除了恢复他的自由,并让他继续担任新四军军长以外,其他的任何安排,确难接受。

陈诚谈得口干舌燥,仍然不见效,只好说等他向蒋介石汇报以后,再作商议。说罢起身要走。临走前叶挺有一事相托:他很想见到周恩来和郭沫若,希望能帮助安排他们来这里见一次面。陈诚点头应诺后,垂头丧气告辞而去。

叶挺等着陈诚再来向他转达蒋介石的信息,但等来的却是陈诚的亲信帮手、第六战区副司令长官兼参谋长郭忏。郭忏心神不定地说了几句客套话之后,赶忙表明他的来意:"委员长赐见,专派兄弟接送侍候,请收拾一下上车吧!"

这次蒋介石的会见,没有任何报道,只有叶挺事后整理的一份文字材料。这应该是叶挺为向党中央汇报而专门作的追记。他以甲(即蒋介石)乙(即叶挺自己)对话的形式记录了两人之间的全部谈话。以"△△△"代表新四军,以"△△党"代表共产党,回避了这两个犯忌讳的名词。文中的"三人"就是蒋介石、叶挺和郭忏。

卅一年五月十二日晚上八时半

甲步入客厅频点首。口哼哼不止。三人三角对坐毕。

甲：身体还好？

乙：还好。

甲：一年来休养怎样？有什么反省觉悟的地方？这几年没有很好让尔做点事。

乙：屡经挫折失败，自觉能力薄弱，无法应付环境。

甲：尔这个人太老实，上了人家的当还不觉悟。人家叫尔回去，尔就回去；叫尔打就打，人家利用尔完了还会杀尔，去年（实为前年）为什么不来见我就跑回去，人家要尔回去，尔就回去。

乙：因为辞职没批准，只好回去。对△△△案子我已尽了自己的能力。第一次给我们移动的命令，是我到上饶去商议决定的。大意是，因皖南敌情和地形关系无法渡江，必须走苏南渡江过苏北；在移动期间，苏南皖南各军部署不变动。假如调几师迫在我们周围，则我是不能负责的，我预先已说过了。又过江必须经过重重封锁线，必然会对敌作战，所以弹药须酌量发给。但到后来这个命令完全变更了，第二次命令要我们依期限由皖南渡江，又新调来了三个师，连原有的共七个师，在我们一百里路以内的周围，弹药又不发给。这个时候我打电报去辞职，又没有批准，我只好带着部下去逃命。《孝经》上这样说："小杖则受，大杖则逃。"我们不善逃命，而至遭受灭亡，则是我对部下不起。现在上饶还监禁几百干部，我对他们应该负责。我处置失当，我愿受军法裁判。

甲（大声）：尔的部下就是△△党！他们破坏抗战，搅乱后方，尔上了当还不觉悟，还对他们负责！这样我关起一百多人，是我错了么？

乙：如果这样说，△△△开始就不应该成立了。

甲：话就说到这里止！再说就不好听！尔是不是△△党？

乙：到现在止，我没有任何党籍。

甲：尔觉得△△党对，尔就到那里去；尔觉得国民党对，尔就到国民党来，没有中立的地方。我指示尔一条正路，尔能绝对服从我，跟我走，尔一定可以得到成功，不然尔就算完了。

乙：我早已决定我已经完了！

甲：也不是那样意思。我叫尔到第六战区去好好休养，尔的前途是光明的。

乙：如果照这样做，大家一定说我自私，怕法律处置，我不能这样做。

甲：回去好好想一想，同郭令商量好了答复我。

乙：（起立鞠躬）谢谢委员长。

乙回来还同郭忏谈话约一小时。最后结语：我不能这样做，请枪毙我吧。

泰山压顶不弯腰。叶挺亲笔写下的这份记录，是他讨伐蒋介石的又一篇檄文。它如实地反映了叶挺对蒋介石的面对面的斗争，反映了他敢于在这个太岁爷头上动土，敢于蔑视他的淫威；也反映了他坚持真理、伸张正义的立场始终如一，坚如磐石，有如日月经天，江河行地。

老蒋压不住叶挺，只好转圜说："我叫你到第六战区去好好休养，你的前途是光明的。"叶挺知道这是要把他交给陈诚，继续想法逼他"归顺"，因而断然表示："我不能这样做，请枪毙我吧。"

叶挺这样卷蒋介石的面子，简直不可思议。

作为这次"赐见"的结果，叶挺很快被搬出了那所阔气房子，先搬到磁器口小歌乐山中美合作所北侧的白公馆看守所，以后又搬到红炉厂半山坡的一所平房里。各方面的待遇又都随着降了下来。

叶挺从坐牢开始就要求无条件地恢复他的自由，但当他明确了在蒋介石反共的深刻背景下，这已成为不可能的时候，那么，只要反动派不再紧锣密鼓地硬逼他做"鹰犬"，他就乐得接受长期囚禁，在"长隐于牢狱"中"保其真情"而"终其残年"。

此后，叶挺被反复辗转扣押于四川重庆、湖北恩施、广西桂林三地，过着国民党反动派给他安排的囚徒生涯。1942 年 12 月中旬，被押送恩施"休养"。1943 年夏秋间，被押送桂林软禁。年底又被绑架回恩施。抗日战争胜利后 1945 年 8 月 28 日，叶挺在两个宪兵班的押送下，离开恩施往重庆，重新关进歌乐山红炉厂中美合作所牢房。皖南事变后，叶挺被国民党反动派囚禁达五年零两个月。

魂归延安

➔ 出 狱

　　1945 年 8 月 28 日，以毛泽东为首的中共代表团
到达重庆，与国民党当局进行长达 43 天的艰难谈
判，迫使蒋介石承认人民的各种民主权利，双方达
成了《双十协定》，把承诺"释放政治犯"的条款也
写进协定。但是，蒋介石没有诚意，继续设置重重
障碍，拖延半年不予实行。1946 年春天，中共向国
民党提出一个交换条件，愿以释放 1945 年秋季邯
郸战役中被俘获的国民党第十一战区副司令长官兼
第四十军军长马法五，换回叶挺。蒋介石迫不得已，
接受了这个建议。

　　叶挺出狱之前，蒋介石又派人给他传话，说是
他获释后，到国共哪方面工作都行，由他自己决定。
叶挺听话听音，知道这又是要拉拢他，只说尚未
恢复自由，因而尚无明确打算。到了出狱前几小时，
军统局总务处长沈醉又来问他获释之后第一件事想
做什么。叶挺这时已知道将要获释，便爽快地回答：
"我出去的第一件事，就是请求恢复我的共产党党
籍。"

△ 叶挺出狱时，受到比他早一个月出狱的廖承志的热烈欢迎。叶挺激动地对廖承志说：你是"第一号"，我是"第二号"。

　　沈醉一直按照军统局长、特务头子戴笠的布置，承担着从生活方面满足叶挺的要求，借以使他改变政治态度，转到国民党方面去的任务。这会儿听到叶挺说出这样的话，而且说得这样斩钉截铁，又是惊异，又是失望，只好言不由衷地连声应着："那很好，那很好。"他回到军统局，把叶挺的话报告给戴笠。戴笠听了，也是好长时间说不出话来。想了半天，才有气无力地说："共产党人的可怕，就在这个地方！"

　　1946 年 3 月 4 日下午，重庆曾家岩 50 号中国共产党代表团驻地门前，披红挂绿，张灯结彩。几条耀眼醒目的大标语"欢迎叶挺将军"、"叶挺将军是人民军队的光荣"、"叶挺将军出狱是人民的胜利"，庄严地宣告着：

被中共中央从国民党军统局黑暗监狱里营救出来的叶挺，就将回到党的怀抱了。

在重庆的中共领导人和高级干部董必武、王若飞、秦邦宪、陆定一、邓颖超、邓发、廖承志等，喜气洋洋地聚集在这段人声鼎沸的街道上，引颈眺望，热切地等待着即将归来的叶挺。人们关心地注意到，在众多的高级领导人里，唯独没见到为营救叶挺作了多年努力的周恩来。了解内情的人知道，他为维护国共签订的《停战协定》，制止国民党军队向解放区进攻，还在进行着艰巨斗争。

△ 叶挺与夫人李秀文、女儿扬眉（前坐者）、儿子阿九（叶挺怀抱者）合影于重庆红岩。几天后，夫妻子女全部遇难。

周恩来虽然未能在重庆亲自欢迎叶挺，但他在前些天回到延安向党中央述职时，细心地为迎接叶挺出狱办了两件事。一件是他把在延安读书的叶挺的三个子女叶正明、叶华明和叶扬眉找在一起，把党营救叶挺出狱的消息告诉他们，并让他们选出一人作为代表，到重庆去看望爸爸。三个孩子高兴得欢蹦乱跳，但对由谁充任这个代表，却互不相让。周恩来看到这个情况，只好亲自裁决："你们都会很快地见到爸爸了，我看这个美差就让给妹妹吧，她是爸爸的掌上明珠。"

另一件事是，他发了一个电报给重庆中共中央南方局，让他们再转发给广东党的负责人方方，叫他从速将叶挺出狱的消息告诉李秀文，从速安排李秀文到重庆，与叶挺见面。

现在，12 岁的叶扬眉，又一次坐飞机回到重庆来了。她这会儿站在董必武和邓颖超的身旁，晃动着她亲手做的一朵大红花，欢欣雀跃地告诉人们，她因为盼望爸爸归来，一夜没有睡好觉。背后那张引人注目的"欢迎爸爸"的童体标语，就是出自她的手笔。

狭窄的曾家岩 50 号门前的街道上，挤满了人群，许多匆匆来去的过路人，也被"欢迎叶挺"这件事吸引住了。人们纷纷驻足围观，挤挤攘攘，都争着找个视野开阔的位置，看一看他们敬仰的"北伐名将"、"大革命时代的赵子龙"、"抗战时期的岳飞"。

下午 6 时 50 分，一辆疾驰而来的小卧车，在一片鞭炮和欢呼声中，驶入人群中间，戛然停住了。身穿袖口绽露棉絮的灰黄色狱服，面色憔悴但目光炯炯有神的叶挺，推开车门，在人们视线集中的地方，站了出来。与他同车来到的是国民党的和谈代表国民参政会秘书长邵力子。根据国共双方的约定，由他到市郊红炉厂中美合作所监狱，把叶挺接出来，陪送到这里。

挤在人群前面的小扬眉，蹦一个高扑到爸爸怀里，一边号啕地哭着，一边把那朵大红花别在爸爸的胸前。她的哭声催人泪下，叶挺托起她的白净脸蛋，仔细地端详着，自己的眼里也噙着泪花。董必武、王若飞、秦邦宪、邓颖超、陆定一、邓发、廖承志等一一上前，与叶挺热烈拥抱，情深似海，喜泪横流。叶挺握着邓颖超的手，用多年来习惯了的亲昵称呼，深情地问："大嫂，怎么没见到大哥，他身体好吗？"邓颖超抹一把眼泪，哽咽着说："好，好，他身体很好。但他现在不在重庆，跟马歇尔、张治中，到北方视察去了。"

叶挺看见廖承志，显得很惊异。他们在六年前从香港分手，叶挺回了新四军，经历了皖南事变，坐了五年监狱。而廖承志在日军占领香港前夕，带着他的八路军驻港办事处人员退到粤北韶关地区，也于 1942 年被国

△ 重庆《新华日报》和延安《解放日报》均以显著位置发表叶挺将军获释的消息

民党军统特务逮捕，做了四年囚徒。半年以前，叶挺从湖北恩施解回重庆的时候，他也经江西、贵州等地被押到了重庆，而且也有幸住进了关押高级政治犯的歌乐山红炉厂中美合作所。当叶挺知道他也是一个月前才出狱时，激动地说："太好了，太好了，那你是第一号，我是第二号。"

一行人簇拥着叶挺走进会客室，在明亮的灯光下坐定以后，才得以仔细地看一看叶挺。只见他那浓密的黑发，已变得有些疏落了，新添的缕缕银丝，蓬乱地向上竖立着；他那洋溢着喜悦的明朗面庞上，刻下了作为五年铁窗生活烙印的密细皱纹，振奋当中也时而显出几分疲顿。但人们惊喜地发现，经过长期磨难的叶挺，至今仍是腰身笔直，行动敏捷，嗓音洪亮，神采飞扬，仍然保持着他那体魄强壮的军人形象。

这时，叶挺从坐椅后边拉出一个白布包袱："扬眉你来猜猜这是什么？你猜对了，爸爸就送给你。"小扬眉止住哭声，惊讶地看着那个一动一动的异物，怎么猜也猜不对，索性上前将那包袱扯了开来，原来里面装着叶挺在监狱里侍弄的四只毛茸茸的小白兔，它们正挤在一个小竹笼里，嚅动着小嘴吃草呢。这件趣事，一下惹得满座的人哄然大笑，小扬眉更是喜不自禁，把逗人喜爱的小白兔拉到了自己身边。

叶挺稍事休息以后，便进到里间盥洗整理去了。重庆的一些新闻记者，相继前来访问。叶挺换了灰色毛呢中山装上衣和黑色哗叽西装裤，梳理了头发，神采奕奕地走出来，与记者们一一握手寒暄，回答他们提出的各种问题。他追述着几年来的狱中生活，诙谐地说："我原来以为要坐十年八年牢的，直到今天下午看了报纸，才知道我重获自由了。这要感谢国民党的宽大，尤其是感谢政治协商会议的成功。"他对时局抱有乐观态度，但也认为还有很多困难，需要各方面努力，一步一步去做。谈到政治犯问题时，他面向邵力子先生说："我感谢你今天对我的帮助，我还希望国民党当局不要把人民的双臂紧紧地捆着，要放开手，把全国的政治犯都释放出来。"

→ # 重新入党

★★★★★

（50岁）

已经过了午夜时分，扬眉幸福地看着两对小白兔，安详地睡熟了。但叶挺却因对于出狱后要做的"第一件事——重新要求加入中国共产党"的深切思虑，辗转反侧，一直睡不着。他索性不睡了，爬起身来，去找廖承志。在廖承志的房间里，两人一边喝着酒，一边说着他们惠阳老家的客家话，谈起了叶挺将要做的那个"第一件事"。

天亮之前，叶挺满足地回到自己的房里，和衣而卧，睡了一会儿。但他睡得很浅，脑中朦朦胧胧，仍然萦绕着写入党申请书的事。一个小时之后，他又醒过来了。便起床下地，把占据着全部身心的这件事，凝聚在柔润饱满的毛笔尖上，在一张"第十八集团军驻重庆办事处用笺"上一气呵成地写了出来。

△ 叶挺致中共中央的电文原文（文内改动的地方是毛泽东同志手迹）

毛泽东同志转中国共产党中央委员会：

我已于昨晚出狱。我决心实行我多年的愿望，加入伟大的中国共产党，在你们的领导之下，为中国人民的解放贡献我的一切。我请求中央审查我的历史是否合格，并请答复。

叶挺寅微（签字）

这是叶挺在他出狱后的第十个小时写就的一份入党申请书，也是他继二十二年前在莫斯科向中共旅莫支部写过第一份入党申请书后，直接向中共中央和毛泽东写的第二份入党申请书。在这篇简练的文字里，他只用了七句话，便坦诚明快地表达了报告出狱消息、提出入党决心和请求中央审查答复的三重内容。

叶挺完成了这份申请书之后，精神上感到轻松了许多。早晨6点钟，代表团人员起床以后，他便拿了这张信纸，先到周恩来和邓颖超的办公室兼卧室，交给邓大姐看。邓大姐看过之后，又高兴地和叶挺一起找到主持工作的南方局副书记董必武，请他过目。董老看后，当即表示欢迎叶挺的申请，并交代机要室，"发加急电报"。

申请书发出之后，叶挺的心情更加踏实了。他对自己重新要求加入中国共产党，抱有充分的信心。他相信自己二十余年的曲折斗争历史，能够经得住党的严格审查，也相信这个经过漫长岁月的追求探索而作出的正确的也是最后的政治抉择，一定能够获得党的充分理解，从而使他获得政治前程上的最大满足。

但在这种宽慰的心情里，又伴有几分不安的成分。这就是不能肯定党中央会像自己期望的那样，能够作出迅速的答复。延缓一些时日考查检验自己，也是可能的事。从那封加急电报发出时起，他的申请何时到达延安，党中央何时审查这个申请，审查的结果又是怎样，这些使他有时感到前景明朗，有时却感到难以捉摸，又成了他的思考焦点。

正当叶挺翘首以待，日夜盼望着延安信息的时候，随同三人军事小组结束了一段艰巨军调处工作的周恩来，在他获释的第三天，递呈入党申请书的第二天——3月6日，回到重庆来了。

叶挺随同董必武、王若飞等同志到珊瑚坝机场，迎接这位虽已阔别六年，但时刻关心着他，总是把党的温暖送给他的老上级。周恩来一下飞机，叶挺便向他报告了两件事：一是他已向党中央提出了入党申请；二是他出狱以后，对仍在狱中的部属们的系念有增无减，他期望着他们也能在最短的时间里获得自由。周恩来激动地向叶挺表示，他的党籍问题将会得到顺利解决。同时宽慰他说，党中央很了解他关怀狱中部属的心情，正在和民主人士们一起，要求蒋介石释放一切政治犯，虽有许多困难，也要努力争取。

周恩来回到重庆的第二天——3月7日的早晨，叶挺为之煎熬了几昼夜的那个信息，通过无线电波，从遥远的西北高原传到了重庆。当叶挺从周恩来手里接过那份沉甸甸的电讯，恭谨捧读的时候，最先映入眼帘的，便是他向往已久的那个亲昵的称谓——"亲爱的叶挺同志"。

亲爱的叶挺同志：

　　5日电悉。欣闻出狱，万众欢腾。你为中国民族解放与人民解放事业进行了二十余年的奋斗，经历了种种严重的考验，全中国都已熟知你对民族与人民的无限忠诚。兹决定接受你加入中国共产党为党员，并向你致热烈的慰问与欢迎之忱。

中共中央

3月7日

　　叶挺从头到尾把这篇热情洋溢的电稿读过几遍之后，立即向周恩来表示，他对党中央为他作的历史结论，感到受之有愧。他将把这个高度的评价，看成是党对他的一个有力鞭策。

　　叶挺这时还不知道，这份电文是由毛泽东主席亲手动笔修改、润色过的。毛主席怀着激动心情，对这篇电稿作了精心的字斟句酌的修改定稿。他把原文中"叶挺军长"这个称呼，先改成"亲爱的叶挺同志"，又改成"亲爱的叶挺将军"，再改回"亲爱的叶挺同志"，真是煞费苦心。这是因为，他早就听说过，叶挺1937年应他的要

△ 经毛泽东修改的复电原稿

求到延安与他见面时,曾因当时的欢迎标语都称他为"叶挺将军",而不是称他为"同志",表示过叹息。毛泽东觉得,现在是还给叶挺以"同志"称谓的时候了。故此作了这样的修改。

毛泽东还在电文的开头,加了"5日电悉"和"欣闻出狱,万众欢腾"两句火热的话;又把电文末尾的"特致慰问与欢迎之意",改为意味更浓的"并向你致热烈的慰问与欢迎之忱"。经过这番独具匠心的修饰,使得这个电文形式更加完整,内容更加充实,感情更加饱满,文字也更加凝练隽永了。

叶挺看着"3月7日"这个日期,使他感到,党中央负责同志在日理万机的百忙之中,竟能在短短的两天时间里,以出人意料的快捷速度,为他解决了政治归宿的重大问题,实在是难能可贵。他对于党给予他的充分理解和完全信任非常感激。

一周之后的 3 月 13 日，南粤广州又传来一个喜讯，广东的党组织向南方局报告，他们已按照周恩来的指示，安排好了李秀文的赴渝之行。李秀文决定，大儿子正大、二女儿剑眉、四儿子正光、五儿子启光暂时留在广州，只带着 3 岁的幼子阿九和保姆高琼与她同行。他们一行三人将于明日乘飞机离开广州，当天中午到达重庆。

14 日中午，叶挺偕同扬眉和廖承志夫人经普椿，在重庆珊瑚坝机场接到了李秀文和阿九。小扬眉跑上前去，把她赶制的两朵红花别在他们的怀里。

短短十天当中，叶挺出狱、入党、夫妻子女团聚，三喜临门。组织上为了照顾叶挺的家庭生活，让他安静地休养一段时间，把他的住处搬到了春意盎然、百花争妍的八路军驻渝办事处红岩村。他们一家四口，生活在这个花园般幽雅、安谧的环境里，尽情地享受着天伦之乐。无论是年届半百、双鬓挂霜的叶挺，还是将届四旬，眼角上已刻上皱褶的李秀文，他们都好像重新又回到了青年时代，心花怒放，春风满面。

叶挺获得自由和重新加入中国共产党，在国内外引起了"万众欢腾"的强烈反响，成了舆论的一个议论中心。

延安《解放日报》3 月 9 日登载署名文章《欢迎叶挺将军》指出："全国人民欢迎叶挺将军出狱，因为他的出狱表示中国人民的革命事业增加了一份巨大的力量。叶挺将军也的确不负中国人民的希望，一出狱就加入了共产党，表示他不但要继续战斗下去，而且要更前进一步。"

文章表示："中国共产党欢迎叶挺将军出狱，尤其欢迎他的入党。中国共产党以叶挺将军的入党引为自己党的光荣。""中国共产党所引为光荣的，是因为有这样一个人民的英雄和民族的英雄作为党员；是因为他的入党，乃是为着要找到一个组织，来为中国人民、中华民族

'贡献自己的一切'，而不是为着其他的目的。""中国共产党所引为光荣的，是叶挺将军的入党，更证明中国共产党是真正为中国人民、中华民族服务的党，加入中国共产党的人，都是为着这一个纯洁高尚的目的。"这些天来，祝贺叶挺获释、入党的贺电、贺信，雪片纷飞一般，从山东临沂新四军军部、晋冀鲁豫军区、华中军区、苏皖边区、山东解放区汇集到重庆来，使叶挺时刻感受着走出苦难深渊，回到党的怀抱的无限温暖。

随着叶挺获释时间的推移，前来访问的新闻记者也日益增多，涉及的采访内容也更为广泛深入。3月15日，重庆《新华日报》刊登了一篇《叶挺同志说明入党志愿》的专题报道。这是叶挺前一天上午到机场迎接爱妻幼子之前，应记者的要求发表的一次谈话。该报加了"记者昨日访问叶将军于中共代表团办事处，承其将所以要求加入共产党的原因说明如下"的导语，全文登载出来。

我于民国八年由北方回到广东加入了国民党，一直就在国民党军队中做事，那时是在大元帅府当警卫营长。民国十三年，国民党改组，我对现状不满，所以辞掉军队中的工作。后去苏联，希望了解一些苏联革命的情形。以国民党员的资格去苏联学习，我是第一个。在苏联东方大学一年。就在到苏联的半年以后，我加入了中国共产党的旅莫支部。

回到广东后，在国民革命军中做事，参加了北伐战争。国共分裂，我参加了南昌起义和广州起义。以后经日本又到莫斯科，后又到德国。那时因党内清算中国革命失败的问题，我觉得有些脱离事实，同时因失败情绪的影响，与国民党、共产党都脱离了关系。"九·一八"以后，回到澳门，抗战前一年才重新回到军队中来。

"八·一三"后，我个人提议将中共在江南各地的游击部队组织一

△ 1946年3月8日，延安《解放日报》发表了叶挺将军参加中国共产党的消息。

个军，经国共双方同意，发表了"新四军"的名义。新四军三年在东部抗战，我个人觉得是正确的，很好地与其他友军合作，共同抵抗敌人。同时在三年抗敌中，与国民党军队上的指挥机关的关系都很好，上级所给的任务，能担负的，都做到了，从没有说过一句谎话。不幸皖南事变发生了，双方都死伤很多人，我自己的朋友、干部，除牺牲了的外，被俘的很多，我也因此事件失去了自由。

在失去自由的五年零两个月当中，有很多的时间可以考虑既往的事情。出狱后的第二天就请求加入中国共产党，是经过五年多考虑的结果。

第一，我参加革命已有相当长的时期。个人有许多朋友、部下都牺牲了。他们是为中国人民的幸福而牺牲的。个人对几次由于自己个人或别人的错误而遭受的损失，感到痛心，他们的牺牲精神又给我很大的鼓励。所以我觉得应该继续他们的精神，走他们未走完的道路。今天如果专为个人生活着想，是对不起他们的。

第二，如果说为中国人民的幸福而努力工作，当然我也考虑过真正为中国人民的幸福而努力的是哪个政治集团。在我五年多的考虑中，我认为只有中国共产党的同志能贡献其全部力量为中国人民来工作，在我失去自由的环境中，更能深刻了解这一点。所以在我囚禁的期间，我就有了这个决心：如果我能自由了，一定要继续牺牲了的同志们的精神，重新加入共产党，贡献我全部的力量，来为中国人民服务。

经过长期的监禁，在这中国历史新发展中，我获得了自由，这是中国四千年来历史新的一页。我相信在蒋主席的领导下，各党派合作，实现政治协商会议的决议，这是符合全中国人民的要求的。将来也许还会有些困难，但相信经过民主的党派与全国人民的共同努力，建设一个和平、民主、团结、统一的新中国是可以成功的。

叶挺这篇发表在蒋介石的陪都重庆，公开申明自己政治见解的"答记者问"，简略扼要，语气平和。这里既有鲜明的政治立场，没有回避国共两党的许多重大斗争，和他本人在这些斗争中的血泪经历，又讲得很有分寸，注意尽量避免激烈言辞，以求减少对蒋介石、国民党的刺激，而使一般不抱偏见的读者，对于他加入中国共产党的目的，获得正确的了解。这应是表现党的策略思想和叶挺简洁文风的又一篇力作。

⊙ 遇难黑茶山

★★★★★

　　叶挺恢复自由，是在国内政局急剧的微妙时刻实现的。就在他获释前后的半个月当中——3月1日至17日，蒋介石召开了国民党六届二中全会。在这次逆历史潮流而动的会议上，蒋介石凶相毕露，炮制了否定政协确定的民主原则的反动决议。他的百万大军经过半年时间的推进，业已取得了侵占华北、华中解放区大部城镇和东北解放区心腹地带的"胜利"，陆续到达了内战前线，把《双十协定》、《停战协定》、《和平建国纲领》和有关政府、军队、宪法草案、国民大会的决议等等破坏无遗，把刚刚结束了八年战乱的中国，重又推到了全面内战一触即发的险恶境地。

　　形势如此严重，已逼得叶挺无法安心休养。他觉得，既然蒋介石不要和平，一定要把战争强加给人民，那么自己的当务之急，应该是及早地回到新四军部队去，及早地和那些日夜想念的战友们会合起来，奔上自卫战争的广阔战场，以极大的勇敢精神，去打败蒋介石的军事进攻，粉碎他的法西斯独裁专制的黄粱美梦。叶挺甚至悲愤而幸福地憧憬着，当他与蒋介石撕破脸皮，理直气壮地加入埋葬这个二十年来倒行逆施的蒋家王朝的战斗行列的时候，他此生的未酬壮志，也就有了归宿。

叶挺经过再三考虑，把自己想回新四军的意向告诉了周恩来。但周恩来只表示理解他的求战心情，而对具体去向却不予肯定。他说，有关叶挺的任职问题，虽然已属共产党的内部事务，但实际上蒋介石对这件事仍很注意，至今仍将新四军视为异端，拒不承认。如果这时叶挺到新四军的某个部队去，那将会给反对内战、争取和平谈判斗争带来不利影响。叶挺通情达理，他听了这个精辟见解，表示相信党中央的慎重考虑，收回这个要求，再作耐心等待。

过了一天，叶挺又急不可耐想去张家口，与贺龙、聂荣臻两位老战友一起战斗。周恩来又一次好言相劝，表示了异议。他仍然肯定叶挺念念不忘打仗是好事，也认为仗肯定有得打，但不是现在。现在叶挺既不便于回新四军，也不便于去张家口，而是留在重庆，在八路军办事处参加工作。周恩来把刚刚收到的党中央的指示，告诉了叶挺。这就是内定他为"国民政府委员会"的中共军事代表，当前要做的工作是参与研究制订整军方案，准备和周恩来一起，就国共两党军队的整编方案，与国民党军政部长陈诚进行谈判。周恩来还告诉叶挺，从即日起他要参加南方局的常委会议，以便多了解一些工作情况和党的方针政策。

周恩来说："这不是在战场上打仗，而是在谈判桌上争取和平，但争取和平并不比打仗来得轻松。"叶挺高兴地说："经过这次分配工作，他对党的全面考虑，有了更多的了解，他一定努力做好整军工作，其他的事以后再说。"

转眼到了4月上旬，叶挺获释已届满一月。正当他会同八路军办事处的有关干部，着手研究我方整军方案的时候，党中央发来一份电报，决定由叶挺代替周恩来，到延安参加全军整军会议。

这次有我各战略区参谋长出席，讨论制定全军整编计划的会议，原定由周恩来主持在靠近内战前线的北平市召开。但因东北地区形势骤变，蒋军破坏刚刚签订的《调处东北停战协议》，突然进攻四平、本溪、鞍山等地，周恩来需要留在重庆进行紧急交涉。他向党中央提议，改由叶挺前往出席。又因国民党特务机关为了配合蒋介石掀起反政协决议逆流，接连在北平制造搜查我十八集团军副参谋长滕代远公馆，拘捕我方工作人员等恐怖事件，党中央为保障安全，将这次会议改在延安举行。

4月6日晚上，当周恩来把赴延安参加整军会议的消息告诉叶挺的时候，他高兴得不得了。因为能够找到一个机会，再到心向往之的延安去看一看，也是他出狱之后经常想到的一桩心事。

周恩来还关照说，他这次北上可以带上家眷，先参加整军会议，会后是不是留在延安工作，长远安排又将怎样，这些暂时定不下来的问题，将由党中央根据形势发展情况，做出适当的决定。

叶挺品味着这些话的含义，更加感到欣喜。他幸福地想象着，几天之后他便可以到达革命圣地延安了。在那里，不仅可以见到九年以前作过倾心交谈的毛泽东等许多党的领导同志，并在他们的直接领导下，参加整军工作；还会见到二儿子正明、三儿子华明，并和他们一起，再享受一次久别重逢的天伦之乐。更使他心驰神往的是，到了延安，就是靠近了华北前线，这将为他重上战场，一酬壮志，带来更加明朗的前景。

4月8日，是叶挺重获自由的第36天。这天早晨叶挺一行在南方局和八路军驻渝办事处一些同志的伴送下，驱车到达白市驿机场，搭乘周恩来通过军调处执行部安排的一架美国空军C47型运输机，8时45分起飞，离开了山城重庆。

天空阴沉沉的，是一个不适宜航行的天气。但是重庆多雾是常事，为了争取时间，为了应付突变，同志们一个个归心似箭。飞机终于离开了跑道，飞向天空。

与叶挺同行的，除了李秀文、叶扬眉、阿九和阿九的保姆高琼以外，还有党中央高级干部王若飞、秦邦宪、邓发，贵州教育界前辈、王若飞的舅父黄齐生先生和黄先生的孙子黄晓庄。此外还有随行人员十八集团军参谋李绍华，副官魏万吉、赵登俊等同志，总共13人。

消息传到延安，中共中央有关部门通知了党政军领导同志和在延安的秦邦宪、叶挺、邓发等同志的亲属，组织了驻延机关、部队和工农青妇群众团体的欢迎队伍。党中央准备在这一批劳苦功高的党内外民主斗士到达时，举行一次盛大的欢迎仪式。

这天，延安气温骤然下降，天低云暗，阴雨绵绵。中午12时，毛泽东主席、朱德总司令、任弼时、林伯渠、秦邦宪夫人张越霞和子女，邓发夫人陈慧清和子女，叶挺的儿子叶正明、叶华明，机关、部队、群众团体的代表们，怀着极大的热情，顶风冒雨，汇集到宝塔山下、延水河边的简易机场上。

正在医生严格约束下，避嚣静养、全休治病的毛泽东，是以无论如何也得让他出来欢迎一下这几位为党做了很多工作，受了很多苦的同志为理由，几经请求，得到医院方面的同意，才由医护人员照料着，来到机场的。

九年前，毛泽东曾在延安党校为叶挺开过欢迎会；一个月前，毛泽东亲自修改、批准了叶挺的那份入党申请复电。现在"亲爱的叶挺同志"就要见面了。当这个蒋介石依仗他八百万军队即将开展大屠杀之际,毛泽东有多少话要向这位坚贞不屈的北伐名将叙说啊!叶挺又有多少心里话要向党中央毛主席倾诉啊。

由美国空军兰奇上尉等四人驾驶的 C47 型飞机,是在恶劣的气候条件下,由重庆经西安,向延安飞行的。该机离开重庆不久,便与驻延安美军观察组电台沟通了联络。中午 12 时 25 分,该机由中转站西安再次起飞,向北航行,又与延安美军电台作过一次联系,当时它的位置是在延安西南 30 公里的甘泉一带,飞行正常。当地居民在蒙蒙细雨中听到了天空传来的飞机轰鸣声。

但出乎意料,飞机却迟迟不见在机场上空出现,随着时间一分一秒地消逝,它与地面的通讯联络也完全中断了。直到下午 4 时,主持人宣布"各单位带回。查明情况后另行通知"时,人们才怀着迷惑不解和忐忑不安的情绪,离开机场,返回驻地。

毛主席偕同朱总司令回到王家坪八路军总部驻地,立即布置军委机要部门拍发加急电报,向西安、重庆查询该机去向。但重庆南方局和西安八路军办事处经过紧急查证,于 9 日凌晨先后复电报告,该机并未返航,没到西安也没回重庆。他们又下达命令:电告陕甘宁、晋绥边区各级政府和重庆中共代表团办事处,要边区党政军机关从速组织力量进行查找,要重庆方面从速向美军驻华机构通报情况,请他们派出空军,协助查寻。

从 4 月 9 日到 11 日的三天当中,陕甘宁、晋绥边区数以万计的军民，向广阔的山野森林进行了严密搜寻。美国驻华空军和中国航空委员会也各派出两架飞机，向渝延航线进行了空中侦察。直到11日晚上10点钟，两封来自山西兴县晋绥军区的加急电报，送到毛主席和朱总司令的面前，那个预料中的最悲惨的结局，终于得到了证实。

原来，那架飞机8日下午在浓密的云层中越过延安地区，继续向北航行两百五十公里，偏离正确的航向，进入了山西兴县境界。当时该地上空也是阴云密布，山上飞雪，山下降雨。该机在高度为一千余米的云层中摸索穿行时，突然与海拔两千余米的黑茶山迎面相撞，当即爆炸起火，坠落崖下，酿成了机毁人亡、无可挽回的历史悲剧。

巨大的撞击声和冲天烈火，使山区居民为之震惊，又大惑不解。他们连夜遣人前往该地中共区委机关，报告了这一情况。次日(9日)早晨，该区区委书记带领民兵赶到黑茶山，在残雪斑驳、充斥焦煳气味的事故现场，找到了飞机的残骸、殉难者的遗体，还有一张写有王若飞等名字的乘机人员名单。

这位区委书记深知事关重大，立即携带烈士名单和部分遗物，急行40公里，于当天深夜赶到边区首府兴县，向晋绥分局书记兼晋绥军区政委李井泉、分局社会部长兼边区公安总局局长谭政文，报告了这一紧急情况。

李井泉当即指定由谭政文率领一部分政法、医务人员，于10日早晨前往现场查证情况，他本人也偕同边区行署、兴县专署和所属各县的负责干部，在当天下午赶到了黑茶山。

谭政文率领专业人员，经过10日、11日两天的紧张工作，运用技术手段，查明了飞机失事前的高度、航向、气候、能见度以及该机撞山、反弹、坠落、焚毁的各种失事细节，并从方圆几十米的灌木丛和残破的驾驶舱里，分别将我方十三名和美方四名殉难者的遗体，全部搜集了起来。

全部罹难者的遗体，由医务人员经过清洗、缝合、整容、防腐处理，放进当地群众设立的肃穆灵堂之后，李井泉率领边区各级干部和当地群众，举行了祭奠，开始了守灵。中共中央获悉噩耗后，于当夜从延安总部发出讣告：

中国共产党中央委员会以极大的悲痛宣布：中共中央委员王若飞同志、秦邦宪同志，中共中央职工委员会书记邓发同志，新四军军长叶挺同志，叶挺同志的夫人及男女公子二人，贵州老教育家黄齐生先生，十八集团军参谋李绍华同志、彭踊左同志（注：后来查证遇难烈士中没有彭踊左，应为黄齐生之孙黄晓庄）及随员魏万吉同志、赵登俊同志、高琼（女）等十三人，及美国驾驶员兰奇上尉（C.E 'Lange'）、瓦伊斯上士（Dallaswise）、迈欧（M.S.Maier）、马尔丁（E.R.Martin）等四人，在本月8日乘美机由重庆飞延安途中，因飞机迷失道路，于下午2时左右在晋西北兴县东南八十里的黑茶山遇雾，撞山焚毁，当即全部遇难。

由周恩来、吴玉章、董必武、邓颖超、陆定一等人署名的中国共产党代表团，也从重庆发布了讣告。

→ 举国同哀

★★★★★

4月13日，以毛泽东为首，由26名党内外著名人士组成的治丧委员会，在延安宣告成立。委员会决定：为"四八"烈士修建灵坛、墓地，隆重举行迎灵、殡葬仪式。正在延安开会的陕甘宁边区参议会，也休会一天表示哀悼，并通令全区：悬半旗志哀三天，停止娱乐一个月。

延安《解放日报》和重庆《新华日报》，13日同时发表社论，沉痛悼念伟大的殉难者。《新华日报》的社论中，在论述烈士们生前为人民解放事业作出的贡献时指出："我们的牺牲者中，有叶挺将军和王若飞同志这样的人物。他们都曾为了人民的事业坐过五年以上的牢狱。'横眉冷对千夫指，俯首甘为孺子牛'，鲁迅先生这两句诗，就是他们的写照。"叶挺将军坐牢五年零两个月，出狱后的第一句话，就是请政府释放一切政治犯，出狱后第一件事，就是要求中共中央允许他重新加入中国共产党。这一员北伐时期的虎将、抗战时期的岳飞，他的毕生奋斗，是足以使每个中国人为之感动，每个中国军人为之感动，足以使反动派羞愧无地。

数以百计的延安工人、农民、干部、战士，轮流参加义务劳动，为烈士修建墓地。他们忍泪含悲，一边用力地挥舞着锹镐，一边回忆交谈着烈士们的生前业绩，悲切之情难以抑制。延安旧城乡 68 岁的王老太太，是一位关心国家大事的人。她听说要给烈士修坟，也来参加劳动。老人悲哀地说："这么多中央首长牺牲了，真叫人难过。特别是北伐名将叶军长，他被蒋介石关了五年大狱，刚刚出来工作，一家人坐飞机又遭了大祸！"她说她没有别的好作贡献，要把自己 20 年前置下的一口寿木，赠送给叶军长。

　　毛主席原本身体有恙，又遭剧烈精神刺激，一连数日不得安睡。他一面关注着国民党军队大举进攻东北解放区四平市的紧张局势，一边照应着悼念"四八"烈士的准备工作。他再三叮嘱说，要把烈士们在外地的家属，尽可能请到延安来，让他们向亲人遗体作最后的告别。他还把叶挺的遗孤叶正明和叶华明接到自己家里，和他们一起吃饭，询问孩子们的生活状况，深情地对他们说："我的家也是你们的家，你们父母为革命牺牲了，党就像你们父母一样，也会好好地照看你们。"

　　经过一昼夜的忙碌，晋绥分局李井泉主持的送灵准备工作，终于安排就绪。4 月 12 日早晨，由兴县地区专员康世恩率领，由精壮民兵组成的一支送灵队伍，抬着十三具死难烈士的遗体，离开黑茶山下，向着遥远的岚县机场，开始了长途转送。

　　送灵队伍沿途所到各地，村村搭起牌楼，处处焚香上供，当地群众跪拜痛哭，接替抬灵的民兵争先恐后。长长的送灵队伍，在晋绥边区人民沿路祭奠的悲痛气氛中，马不停蹄地日夜向前赶进。

　　4 月 18 日，从岚县机场运载烈士遗体的两架飞机，由晋绥分局谭政文等同志护送，于下午 1 时飞抵延安。朱德、刘少奇、任弼时、林伯渠等中央领导人，王若飞夫人李佩之、秦邦宪夫人张越霞、邓发夫人陈惠清、黄齐生夫人王守瑜，叶挺的孩子叶正明、叶华明等烈士遗属，延安各界群众一万余人，云集机场接灵。两架飞机在哀乐声中徐徐着陆以后，延安党政军机关代表在一片哭泣声中，抬着烈士遗体移往灵堂。

4月19日上午，延安举行追悼大会。雄伟庄严的灵坛中央，悬挂着鲜红的中国共产党党旗，坛前挂着一块匾额，上写"化悲痛为力量"。花圈挽联丛中安放着烈士灵柩，灵柩上方摆放着栩栩如生的烈士遗像。开阔的广场四周，挂满了一望无际的挽联，情深意切，令人望而生悲。延安党政军民各界代表三万余人，汇集到公祭大会广场，沉痛悼念叶挺和王若飞等烈士。

△ 4月19日，中共中央领导人及延安各界群众三万余人，在延安飞机场举行隆重的"四八"烈士追悼大会及安葬典礼。这是追悼大会的会场。前排右起：林伯渠、刘少奇、任弼时、朱德及烈士家属。

中午 12 时，哀乐复起，套裹着红色呢毡的灵柩，依次移出祭坛，朱德、刘少奇等亲手执拂，率领长达五六里路的送葬行列，向陵园行进。行进一个半小时，送葬队伍到达"四八"烈士墓。发礼炮 24 响，在数万人恸哭声中，烈士灵柩徐徐落下墓穴。下午 2 时半，低回的哀乐转为高亢，极尽哀荣的安葬礼仪，在昂扬的《国际歌》歌声中，完满告成。

重庆六千余人的追悼大会，是在室内只能容纳三千人的青年馆内外举行的。郭沫若以颤抖的声音宣颂祭文，边读边哽咽悲泣，台上台下，室内场外，"普天同悲，挥泪如雨"。周恩来热泪滚滚地哀悼了他的"相交二十年的几位同志和朋友"。他盛赞叶挺英勇善战，北伐、抗战中为国家民族建立不朽功勋，是国之干城。

从 4 月 18 日到 30 日，在北平，在上海，在山东临沂、江苏清江市、河北张家口市、晋绥边区岚县和东北、晋冀鲁豫、太行等解放区，先后举行了追悼大会。

在北平军调部中共代表团和十八集团军北平办事处举行的，有国民党代表郑介民，美国代表罗伯逊和民主人士参加的大会上，叶挺的同乡、袍泽、战友叶剑英致词，他怀着深切的怀念，为叶挺献挽联：

三十年戎幕同袍，六载别离成永诀。

五千里云天在望，一腔热泪为招魂。

在山东临沂举行的大会上，与叶挺情深谊笃的新四军代军长陈毅致词说，全中国的人民为失去自己杰出的领导者悲痛欲绝，但中国的法西斯分子却在暗中窃窃自喜，他们希望我们的民主战士死得越多越好，因之我们不能单纯地伤感和流泪，我们要使政协、停战、整军三大协定彻底实现，不让反动派有一条一句的修改，使他们的独裁内战阴谋，遭到失败和毁灭。

在江苏清江举行的大会上，叶挺的老部下、华中军区司令员张鼎丞、副司令员粟裕、副政委谭震林，苏皖边区政府主席李一氓和三万余军民，悲痛哀悼老军长叶挺等革命先烈，会后高擎烈士遗像进行"反独裁反内战"示威游行，沿途家家户户摆设香案供品，完成先烈未竟事业的吼声，震撼全城。

在张家口举行的大会上，叶挺的老战友聂荣臻流着眼泪说，当他获悉4月8日不幸噩耗的时候，总是不愿相信，到后来事实证明无可置疑的时候，他的悲痛简直无法控制。他号召要以死难先烈顽强战斗的精神，去实现烈士们为之捐躯的和平民主事业。

上海的万人公祭大会，在沪西玉佛寺大院冒雨举行。万众恸哭。从清晨5时人们陆续拥进会场，到下午2时，仍有下班、放学的工人学生前来吊祭。会上发出万余份烈士事略和小白花，挂出的挽联达两千余幅。

神州大地哀歌四起，亿万同胞悲痛欲绝。全中国人民，把数以万计的唁电唁函、挽联、挽诗、祭文悼词奉献给烈士们，其中有很大一部分，是写给"数十年中做了轰轰烈烈工作"的叶挺的。

周恩来在他的悼文中寄语叶挺说："希夷！你是人民队伍的创造者。北伐抗战，你为新旧四军立下了解放人民的汗马功劳。十年流亡，五年牢监，虽苍白了你的头发，但更坚强了你的意志。我记住，我永远记住。我敢向你保证：我要为保护人民队伍和释放一切政治犯而奋斗到底！"

吴玉章在《痛悼》一文中写道："希夷同志：我想起了1927年，我们在武汉政府时代，你率子弟兵粉碎了反革命的进袭，而使革命政府巍然得存；我想起了八一南昌起义，我同你率队南征；我想起了1928年，我们同时休养黑海之滨；我想起了1938年，我们话别于重庆。我们经过了不少的成败利钝，而今都成了历史的过程。你以新四军事变入狱，尤表现了威武不能屈的精神。上月你出狱归来，使我多么欢欣！你最近常和我谈拉丁化新文字的改进，并说将来一定要实行，这表示了你对中国文字革命有最大的信心。你不仅军事优越，而且文学高明。你为整军计划乘机急进，竟以不测风云而失我干城，每一回忆，使我掩面痛哭而不能禁。"

贺龙在他的《吞声饮泣哀战友》中说："尤其是八一南昌起义，并肩作战的战友叶挺同志，十八年的久别，一日重逢，我好似有了天大喜事一样，忙告诉我左右的同志：'明天飞机要到来，我得早些到飞机场欢迎他们。'我当时兴奋地连瞌睡都没有睡好，恨不得快到明天，心中真是充满着无产阶级战士的友爱，真有说不出的愉快。""但是事实出人意外，……我为失去了二十年来甘苦与共，一条战线上搭伙儿的同志而痛哭，中国人民解放事业丧失了几个英勇有为的斗士、披肝沥胆的伟大爱国者。"

聂荣臻以对1924年到1927年与叶挺相偕留学苏联，回国参加北伐和创建人民军队的追忆，写了一首挽词，献给老战友。

五十岁崎岖世路，献身革命，尽瘁斯民，海内瀛寰，同钦气节，两次从征凡七载，流亡异域，苦经十度春秋，反动阴谋空画饼，纵几处羁囚，壮怀尤烈，方期延水堤边，宏抒国是，天丧巨才无可赎，旷古艰难遗后死！

二十年忧患旧交，同学苏京，并肩北伐，南昌广州，共举义旗，一朝分手隔重洋，抗日军兴，血战大江南北，茂林惨变痛陷身，喜今番出狱，久别再逢，孰意黑茶山上，飞殒长星，我哭故人成永诀，普天涕泪失英雄！

在新四军工作中一贯推崇尊重叶挺的陈毅，怀着深沉的感情，写了一首《哭叶军长希夷》的挽诗。这首超过百行的长诗，最后一节写道：

> 沉默寡言，
>
> 深沉不露，
>
> 令我忆君之丰采。
>
> 勇迈绝伦，
>
> 倜傥不群，
>
> 令我忆君之将才。
>
> 胸无城府，
>
> 光风霁月，
>
> 令我忆君之天真有如提孩。
>
> 我佩君忠贞不屈，
>
> 服务人民，
>
> 不愧革命家的气概。
>
> 我正盼君东来齐鲁，
>
> 有伟大事业待你参加，
>
> 待你安排。
>
> 岂料高空失事，
>
> 一去悠悠，

永不回来。

我不信命运，

故不言命运之悲惨；

我不信天道，

故不言天道之不公；

我只说斗争需要你贡献雄才，

我只说法西斯正待人民去葬埋。

你之牺牲是革命长恨，

人百其身赎不回。

我只望你的遗风长存，

化育无数后继之英才。

将军之魂魄兮，

归去来，

归去来！

从晋绥前线来到延安的周士第，以叶挺的老战友和老部下的身份，在《解放日报》发表文章，详细地介绍叶挺从大革命时期到抗日战争时期的光辉斗争历史。周士第写道："叶挺同志的一生，可以说是无时不在与人民的敌人作着斗争。"他认为，叶挺一生的突出特征是："头颅如铁，意志如铁，创造铁军，始终为人民服务。见败不屈，牢狱不屈，平生倔强，坚决与寇仇斗争。"

廖承志、经普椿夫妇分别写了《遥献》和《怀念叶夫人》的悼文，又共同写了一首挽词：

同乡同志，铁窗中同难，今日凄怆独奠酒；

齐德齐心，赤旌下齐勉，他朝鼓乐再招魂。

剧作家、诗人田汉在《新华日报》发表七言诗，献给叶挺和扬眉。

铁军旧侣几奇男，

但拯元元九死生。

△ 叶挺雕像

十二金牌双鬓雪，

将军惆怅忆江南。

挥旗迎父泪双垂，

少女心肠战士悲。

漫向银瓶夸艳烈，

人间今有叶扬眉。

在悼念叶挺的众多人士中，有许多人与他素昧平生。但他们都为叶挺的英雄业绩和崇高品格所感动，唁函悼词中洋溢着崇敬与怜爱之情。重庆中共代表团收到的无数唁电唁函中，有一封唁函来自国民党军队。这封信是"国民党员、现役军人楚英奇、覃早"等十一人合写的。他们称道："叶将军乃典型之革命军人，其眼光之深锐，胆识之卓越，实为我等后期同学之灯塔，现代军人之楷模。"他们说："叶将军重获自由时"，"我等咸额手称幸，以为从兹追随有日"。他们对于"讵料正当敝党反动派嚣张之时，竟尔赍志而殁"，发出了"呜呼! 痛哉"的真诚叹息。

叶挺牺牲了，革命的人们想念他，誓把他为之奋斗终生的民族解放和人民解放事业进行到底!

后 记

英雄在烈火和热血中得到永生

　　随着2011年春天的来临，叶挺传略稿的编写工作即告完成。我们想着英雄的业绩，环视祖国大地，脑海里又盘旋着叶挺的名句："我应该在烈火和热血中得到永生。"于是我们把叶挺用生命和热血谱写的千古绝唱——《囚歌》编在这里。

　　　　为人进出的门紧锁着，
　　　　为狗爬走的洞敞开着，
　　　　一个声音高叫着：
　　　　——爬出来啊，给你自由！
　　　　我渴望着自由，但也深知道
　　　　人的躯体哪能由狗的洞子爬出！
　　　　我只能期待着，那一天
　　　　地下的火冲腾，
　　　　把这活棺材和我一起烧掉，
　　　　我应该在烈火和热血中
　　　　得到永生。

　　　　　　　　　　六面碰壁居士
　　　　　　　　　　三十一，十一，二十一

　　诗言志。这首诗是叶挺在被囚两年之后的1942年11月21日所写

126

的明志之篇。他给自己起的"六面碰壁居士"绰号，是一个虚实并用、内涵极丰的双关语。从实的方面说，这是对他当时身陷囹圄，只能在"活棺材"的东西南北上下六面墙壁夹隙中当"居士"处境的写实；从虚的方面说，则是对他自己从南昌起义、广州起义到新四军抗战的漫长曲折的革命征途上，在强大的敌人面前屡次碰壁，以致使他不能如愿以偿地报效民族和人民的一种自嘲和感慨。

这首在六面壁包围着的"活棺材"里写的诗，集中地概括了他从入狱起就决心保持的人格和节操。"人的躯体"绝不能"由狗的洞子爬出"！那么，出路何在呢？叶挺愤然宣告："我只期待着，那一天，地下的火冲腾，把活棺材和我一起烧掉，我应该在烈火和热血中得到永生。"

这是多么伟大的气魄呀！

这是一首新时代的《正气歌》！

叶挺在1946年3月4日出狱，4月8日在黑茶山遇难，在这前后期间，全国各地许多报章刊登了《囚歌》，诸多知名人士发表评论，颂扬叶挺的高尚品德。郭沫若在以《叶挺将军的诗》为题的文章中说：叶挺的诗是用生命和血写成的，他的诗就是他自己。这里燃烧着无限的激愤，也辐射着明澈的光辉。《民主周刊》主编、著名民主人士邓初民教授著文说：《囚歌》是以诗句向魔鬼们发出的宣言，是一篇人权宣言，是一篇为人类争自由的宣言。"但他自己宁愿不要自由——不要狗的自由，却宁愿去死——愿为没有自由的人们去死，他期待着那一天，地下的自由之火冲腾，把这活棺材（监禁他的牢狱）和他一齐烧掉。那时，他是应该在烈火和热血中得到永生的。"人们深情吟咏这气壮山河的不朽诗篇，寄托对叶挺的哀思。

叶挺遇难辞世已65年，今天我们重读《囚歌》，又一次感受到英雄"在烈火和热血中得到永生"。他对共产主义的坚定信念，他的爱国爱民的崇高思想，他的"富贵不能淫"、"威武不能屈"的高贵品德，他的坚韧不拔、临危不惧、百折不挠的英雄气概，已经融注入我们的共和国和人民军队，在祖国大地和人民心中生根发芽、开花结果。

叶挺在青少年时期，目睹贫穷落后的旧中国，备受列强欺侮凌辱，身处"家计不堪，复哀国难"的困境，立志"振污世，起衰溺"，尽心尽力为振兴中华、救国救民而奋斗。看今天，人民建立了新中国，经过半个世纪的拼搏，完成了十一个五年国民经济和社会发展计划，国家经济总量超过日本跃居世界第二大经济体，人民踏进小康社会的门槛。今年全国人大又批准通过了"十二五"规划纲要，全国人民正高举中国特色社会主义伟大旗帜，精神抖擞，斗志昂扬，为夺取全面建设小康社会的胜利而努力奋斗。如果烈士们在天之灵，看到自己为之献身的革命理想逐步付诸实现，一定欣慰开颜。

叶挺早年树立"强兵富国"思想，从军报国。在十多年的戎马生涯里，深感旧军队之腐败，决心打造新型革命军队，精心组建独立团。经过不到半年的训练，独立团成为中共领导的第一个正规团队，在北伐战场上当先锋、打头阵，连战皆捷，被人民群众誉为铁军。叶挺创建独立团的诸多经验，为红军传承发扬，成为人民军队的建军原则。叶挺领导独立团开创的机动灵活的战略战术，为红军发展为人民战争的战略战术，成为人民军队的传家宝。在抗日战争期间，叶挺提出为打赢现代战争，部队建设"要求正规化，也要求趋向近代化和机械化"，指导部队按打败现代化日军的需要和从部队实际条件出发，加强部队全面建设。看今天，人民军队走过八十多年的历程，不断发扬听党指挥、服务人民、英勇善战的优良传统，打败国内外强大的敌人，为民族独立和人民解放，为建立和保卫新中国立下不朽功勋。在长期斗争中，人民军队从一支装备落后、军种单一的军队，发展成为一支诸军兵种合成、现代化水平不断提高并开始向信息化迈进的强大军队。人民军队的光辉成就，是叶挺和无数的革命先烈付出毕生心血的结果。

英雄在烈火和热血中得到永生！

叶挺永远活在中国人民的心中！